JN027179

経済主体の 日本金融論

高橋智彦

国際書院

Financial Theory of Economic Agents in Japan

by

Tomohiko Takahashi

Copyright © 2023 by Tomohiko Takahashi

ISBN978-4-87791-322-9 C2033 Printed in Japan

はじめに

　本書は①経済主体、各種金融機関と経済の動きを関連付けて学びたい学部学生、②自分の金融機関の位置づけや行動と経済活動の関係を知りたい社会人、③金融関連の資格を取得したい社会人を対象としている。

　世に金融論の本は多いが、金融システムを彩る規制や市場、各種金融機関を経済との関係も含めながら包括的に扱った本は稀有なように思われる。

　例えば筆者がかつて在籍した生命保険会社や資産運用会社は家計の貯蓄動向に大きな影響を受け、その資金運用は企業部門や財政部門、海外部門に大きな影響を与える。こうしたことにもふれていきたい。

　90年代後半の金融危機や生保危機、08-09年の世界金融危機の際に筆者はシンクタンクや投融資の現場にいて、金融市場の混乱の渦の中にいた。しかし、周辺で学者に処方箋についてヒアリングを行う者、教科書を読む者はいなかった。むしろ学者から緊張感のない見解や不適切な揶揄を様々な場で聞かされ、ALMや会計も踏まえての反論の機会を持てないのが残念であったのを思い出す。筆者が学界に転じる際の職場の挨拶回りでも実務との乖離を埋めるように指摘された。

　こうした世相を反映した論壇や実務家と学界の感覚の乖離の要因に用語や主体の相違がある。論壇の中心となる成長率や分配の話題では暗黙のうちに国民経済計算（SNA）の主体別の話を考慮している。筆者は必ずしもSNAの専門家ではないが、本書では国民経済計算の分類による経済主体を援用し、乖離が少しでも縮小するように本書を執筆した。この点に本書の大きな特徴がある。もちろん現在では機能別の金融も重要となっており、主体別で分析しきれない部分もカバーした。

　また、筆者自身が過去に証券アナリスト、アクチュアリーといった金融関係の資格の講座に関係し、それらの資格を持つ人が身に付けておくべき知識ということを意識している。特にウィーンに本部がある国際アクチュアリー協会（IAA）は近年のシラバスで経済学の中にマクロ経済学、ミクロ経済学に金融経済学を加え、特に金融システムに関する知識を求めている。

　金融を巡る動きは激しく、過去にも、本稿執筆中にも様々な変化があった。インフレーションやバブル、金融危機も経験した者としてブレることなく、1冊で金融を包括的にカバーし、金融リテラシー向上や読者の理解に資するところがあれば幸いである。

経済主体の日本金融論

目　次

第Ⅱ部　中央銀行と政策

第Ⅳ部　機能と金融

序章「何が問題なのか」

　かつて日本の金融は規制金利体系の中で金融機関は護送船団方式と呼ばれるような、最も動きの遅いものに合わせるような保護システムの中にいた。しかし、80年代になると日本が巨額の貿易黒字を計上する中で、レーガン政権やサッチャー政権といった新自由主義的な政権下で欧米での金融自由化、規制緩和が進み、欧米の競争力を持つ金融サービスが参入できる市場としての整備を求められた。日本側にも東京金融市場を国際化して円建て取引を推進し、85年のプラザ合意後のような急速な円高にも耐えられるような「円の国際化」が求められた。結局その後のバブル崩壊と日本経済の長期低迷もあり、東京金融市場の地位は上がっておらず、アジアの他の市場との競争を未だ続けており、東京金融市場の地位向上は依然課題のままである。

　90年代初頭にバブルが崩壊すると不良債権問題が大きな問題となった。不良債権は銀行の利益、資本を蝕み、金融機関の経営問題や金融危機にまでつながった。97年には北海道拓殖銀行、98年には日本長期信用銀行、日本債券信用銀行が経営破綻し、生保も相次いで経営破綻するなど金融危機となった。2000年代初頭に小泉内閣によりハードランディング路線が取られ、2008年9月のリーマン・ショック前までの景気回復もあり、下火となったが、コロナ禍を経て潜在的な不良債権も増え、今日も重要な問題となっている。

　不良債権とともに金融機関行動に影響を与えたのが金融規制である。なかでも88年にバーゼル委員会が制定した自己資本規制はバーゼルⅡ、バーゼルⅢと進化し、今日でも国際業務を行う銀行の主要課題である。自己資本規制は不良債権とともに90年代以降の銀行貸出を抑制したという実証結果が数多く見られ、「貸し渋り」、「貸し剥がし」といった言葉が一般によく使わ

れるようになった。

　貸出の量を追求できなくなった銀行には新たな収益源が必要となった。96年に発足した橋本内閣は「金融ビッグバン」を進め、投資信託や保険の窓販を進めた。役務取引収益が銀行の重要な柱となったが、2010年代半ば以降伸び悩んでおり、課題となっている。

　大手銀行で国際業務を行う銀行は不良債権を処理してもバーゼルの自己資本規制をクリアしなければならず、経営破綻を避けるために再編が進んだ。この時に地方銀行は地方自治体などの安定した顧客を持っており、再編が遅れていたが、2010年代末には金利環境や人口動態が厳しくなり、再編が始まった。

　銀行貸出が変化する中で、債券市場は拡大した。バブル崩壊後の度重なる景気対策で公共債市場は拡大し、遂には国債の発行残高は1,000兆円を突破した。90年代には社債発行も盛んとなり、インフラ整備として格付け機関も整備された。リーマン・ショック時の証券化商品格付けで米系の主要格付け機関の格付けが疑問視される中で、格付け機関の監督体制も整備された。近年では官民を問わず環境にやさしいグリーンボンドの発行が盛んとなっており、格付け機関の役割も増えてきている。

　長引いた金融緩和は機関投資家や個人の資産運用・管理を難しくした。生命保険などは従来予定利率を決めて円資金を集め、国債などの安全資産で運用していたが、日本銀行が多くの国債を買う中で負債とリスク構造が違う資産で運用せざるを得なくなり、ALM（資産負債管理）が難しくなっている。個人も未だに預貯金志向が強く、遂には利子が付与されず、各種手数料を取られる実質的にマイナス金利での運用を強いられたりしている。老後資金の不足が指摘される中で預貯金から投資へのシフトの必要姓が認識されている。そのための金融教育の重要性が認知されてきている。

　中央銀行もまた変化を迫られている。伝統的な政策である政策金利が日本

銀行は98年から、欧米先進国でもリーマン・ショック後からほぼゼロとなり、非伝統的政策である量的緩和政策やマイナス金利政策、さらにはイールドカーブコントロールが導入された。量的緩和政策は中央銀行の負債であるベースマネーを増加させる一方で、資産側で国債などの購入を増やすことになるが、インフレ期などにどのように量的引き締めを行うかなどは特に財政赤字の大きい国において問題が多い。

　プルーデンス政策と呼ばれる信用秩序秩序維持政策への関与も増加している。

　中央銀行が制御している貨幣の概念や決済も変化してきている。ブロックチェーンと呼ばれる分散型の管理が可能になったことからビットコインに代表される仮想通貨（＝暗号資産）と言われる民間のデジタル通貨が普及した。これらは価値の変動が大きいために民間のＩＴ大手のFacebook（当時、その後Meta）がLibra（当時、その後Diem）という現存の通貨に連動し、価値の変動が少ないデジタルマネーの構想を発表してから中央銀行の発行するデジタル通貨（CBDC）の構想が進められ、パナマ、カンボジアなどで導入された他にスウェーデン、中国がリードしている。決済においてはカード決済に加え、QRコードやバーコード決済がスマートフォンを端末として急速に進んでいる。このような貨幣、決済の変化は預金の変化をもたらし、金融仲介にも影響を与えると見られている。

　従来の経済主体別の銀行法、保険業法といった法規制では間に合わないような機能別の金融も進んでおり、規制当局は新たな問題にも関与しなければならない。証券化などは組成、信用供与、債権保全などの機能を分解したもので、世界金融危機を経てこうしたものへの対処も進んできている。

　このように新旧様々な問題があり、各問題を見ていきたい。

第Ⅰ部　各経済主体と金融

第1章　金融のプレーヤーと金融市場

第1節　国民経済計算体系と金融取引

（1）SNA について

　資金の流れを掴もうとする時に国際的に最も認められた統計システムが国際連合が定める国民経済計算（SNA：System of National Accounts）に基づくものである。内閣府の発表する国民経済計算もこれに基づく。SNA は1953 年、1968 年、1993 年、2008 年と版を重ね、53 年版で国民所得勘定が整備され、68 年版で国民所得勘定、産業連関表、国際収支表、資金循環表、貸借対照表を含むより包括的なものとなった。93 年版に変更される際には国民所得勘定が国民総生産（GNP）中心から国内総生産（GDP）中心に変わった。08 年版でも国際収支が変わり、なお、進化途上である。日本では2016 年に 2008 年ＳＮＡ版の推計を発表している。

　SNA の分類で経済主体は家計、非金融法人企業、金融機関、一般政府、海外部門、対家計民間非営利団体がある。通常これら全ての主体の金融取引を一体で学ぶことはしない。政府の金融取引は財政学、海外部門は国際経済学の中の国際金融論で扱うことが常である。また非金融法人企業の調達形態により、ファイナンスやバンキングで分けて教える。ここでは学ぶ側のニーズと利便性に鑑み、一体性を重視し、分野をまたがり、主たる全ての主体の取引を扱う。

（2）制度部門別貯蓄—投資構造

　この制度部門別所得支出勘定は日本の金融の重要な部分を全て表している。即ち日本においては基本的に家計の貯蓄超過がある。

　かつては投資超過であった非金融法人も 90 年代半ば以降、貸し渋りに備え、投資機会も少ない中で貯蓄超過に転じて、内部留保を積み上げている。

　他方、政府部門は恒常的に投資超過である。なお、この政府部門というのは一般政府を指し、中央政府の他に地方政府、社会保障基金を含む。バブル崩壊の後、需要不足を補うために総合経済対策や緊急経済対策などで公共投資が増加し、政府部門の投資超過が大きくなった。2000 年代に入り財政再建策がとられたために投資超過が縮小したが、2008 年のリーマン・ショック以降、投資超過が拡大した。2010 年代半ば以降は 2 回に渡る消費税引き上げで投資超過は縮小したが、2020 年にコロナ禍の対策で悪化した。

　そして海外部門も資金不足である。

　マクロ経済を考えた時に

　国内の貯蓄超過≡経常収支黒字

となる。この指揮は恒等式であるから因果関係を示すものではないが、左

（図表1）制度部門別所得支出勘定（十億円、年度）

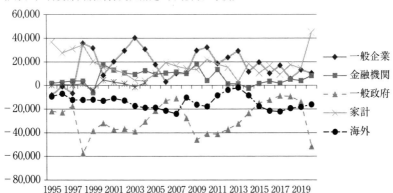

（出所）国民経済計算報

辺から読めば、民間部門での貯蓄超過が政府の投資超過を賄い、さらに海外部門の資金ニーズに応じたことになる。2010年代には東日本大震災後にエネルギー輸入が増加する中で、国内で高齢化が進み、両辺が縮小するかに思われたが、両辺ともに下げ止まっている。

　これらの資金の流れを仲介するのが金融機関である。ここでの金融機関は民間の預金取扱機関の他保険、年金基金、投信、公的金融なども含む。

　さらに経済主体には民間非営利団体があるが、規模は非常に小さい。しかし、2010年代に入り、東日本大震災や熊本地震など災害対策もあり、活動は活発化してきている。内対家計サービスがＳＮＡに計上される。

　こうした各経済主体間の取引を融資などの相対取引を除いて行うのが各種の金融市場である。

第2節　金融市場

　金融のプレーヤーが出そろったところで、グラウンドと言える金融市場は

（図表2）日本の金融市場

```
                          ┌─ 短期金融市場 ─┬─ インターバンク市場 ─┬─ コール無担保市場
                          │                │                      └─ コール有担保市場
                          │                └─ オープン市場 ─┬─ CD市場
                          │                                  ├─ CP市場
                          │                                  ├─ 国庫短期証券市場
                          │                                  │  （旧FB,TB市場統合）
                          │                                  ├─ 債券現先市場
                          │                                  └─ 債券レポ市場
金融市場 ─┼─ 長期金融市場 ─┬─ 債券市場 ─┬─ 国債市場
                          │                │              ├─ 地方債市場
                          │                │              ├─ 政府保証債市場
                          │                │              ├─ 金融債市場
                          │                │              └─ 普通社債市場
                          │                └─ 株式市場
                          └─ その他金融市場 ─┬─ 為替市場
                                             ├─ 先物市場
                                             └─ オプション市場
```

大別すると 1 年以内の取引をする短期金融市場と長期金融市場、その他の金融市場に分かれる 以下市場の後の（　）内は 2022 年末の残高を表す。

（1）短期金融市場

　短期金融市場には銀行間市場（インターバンク市場）とオープン市場がある。

　インターバンク市場は金融機関のみが参加できる市場で外国為替や短期資金を融通するコール市場に代表される。担保を取らない無担保市場 (11.2 兆円)、と担保を有する有担保市場（2.5 兆円）がある。プレーヤーは銀行、仲介者は短資会社である。コール市場は事実上日本銀行の影響下にある。日本銀行の政策金利はコール無担保翌日物が中心。手形を媒介にコール市場よりも長い期間の取引を扱う手形市場もインターバンク市場である。全国銀行協会によると全国の手形交換高は 2022 年中にグロスで 89 兆円となるが、これらを手形市場に出すことで資金を融通できる。90 年代後半以降手形市場の残高は手形交換が減少したことから徐々に減少し、2000 年末の残高がゼロとなったことから日本銀行は 2001 年 4 月から手形市場の残高公表をやめてしまった。2013 年に始まったでんさいなど電子化などから紙の手形が収束方向にある。2006 年に日本銀行が手形の買いオペを廃止したが、売りオペは残っており、形式的に手形市場は残存している。

　インターバンク市場の資金の取り手として旧都市銀行（今のメガバンク他）、都市型地方銀行、外国銀行、証券会社、資金の出し手として信託銀行、生命保険、農林系、地域型地方銀行、信用金庫がある。

　短資会社が仲介している。

　97 年 11 月の三洋証券の経営破綻の際には群馬中央信用金庫（当時、複雑か合併し、現しののめ信用金庫）の 10 億円が焦げ付き、金融不況の際のインターバンク市場のリスクが認識された。

（図表 3）手形交換高（ネット）

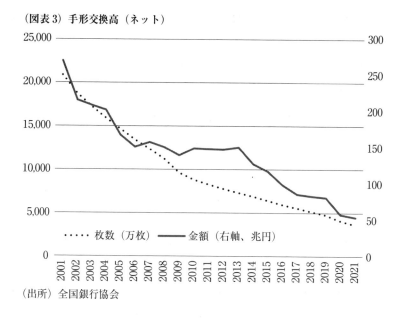

（出所）全国銀行協会

　しかしインターバンク市場のコール市場は現在も金融調節の中心で日銀当座預金の増減を通じて日本銀行がコントロールしている。市中銀行は預金残高に法定預金準備率をかけた所用準備高を毎月 16 日から翌月 15 日まで積むスピードを進ませたり、遅らせたりして資金需給を通じて金利を増減させた。99 年以降のゼロ金利で所要準備額を超えた超過準備が恒常的に存在するようになり、インターバンク金利はゼロ近辺で推移するようになった。

　2016 年 1 月に日本銀行がマイナス金利を導入するようになってからは、日本銀行は超過準備の一部にマイナス金利を課し、インターバンク金利全体の金利を大きく押し下げた。

　オープン市場プレーヤーは銀行に加え、証券会社、機関投資家、政府、一般事業法人と文字通りオープンである。譲渡性預金（Certificate Deposit：（34.2 兆円））は文字通り第三者に譲渡可能なものである。

CP 市場は従来は約束手形の扱いであったが、現在の電子 CP（25.0 兆円）は電子 CP 法で短期社債に位置づけられている。CP は社債の信用格付けとは別に格付けがついている。また混乱を招かないように格付け記号も長期とは異なる記号を用いている。

リーマン・ショックの際には CP 市場の流動性が著しく落ちた。電力会社やノンバンク、リース会社などの資金調達で大きな役割を果たす CP 市場の流動性低下に日本銀行は 2008 年末に企業金融支援特別オペを決め、CP の買い入れを行った。そのこともあり、2009 年後半には市場沈静化した。

国庫短期証券（T-Bill, Treasury Discount Bill（146.2 兆円））はかつて短期の財政資金をやりくりする財務省証券、外国為替を管理する外為特会や食糧安定のための資金のために出されていた政府短期証券（FB, Financing Bill）と国債の借り換えや償還を円滑にするために発行されていた短期国債（TB、Treasury Bill）が 2009 年に統合されて発行された。債券現先市場（188.5 兆円）は一定期間後に一定の条件付きで買い戻す（売り戻す）市場である。また、現金を担保に債券を貸借する債券レポ市場（76.1 兆円））などがある。現先取引は有価証券取引税の対象となるが、債券レポ取引を用いればその問題が避けられる。債券レポ取引のほとんどが国債である。この取引を用いて債券を空売りするという需要がある。2022 年以降、日本銀行のイールドカーブコントロールに対して外国人投資家が多額の空売りを行うために、国債を借りるという動きが見られた。

（2）長期金融市場

長期の金融市場は大別すると債券市場と株式市場がある。

債券市場の中心は国債市場（現在額 1106.1 兆円）で国の歳入を歳出が上回ることや、利払費が膨らむことから先進国でも未曾有の GDP 比率となっている。地方公共団体が発行するのが地方債（縁故除き現在額 64.4 兆円）

である。政府保証債（公募、現存額 20.5 兆円）は政府関連機関が発行する債券に政府が元利の支払いを保証しているものである。財投機関債（現存額 42.3 兆円）は財政投融資の各機関がかつては財源を郵便貯金から資金運用部に頼っていたのが、2001 年の小泉内閣による財政投融資改革で単独での資金調達力のある住宅金融支援機構（旧住宅金融公庫）や日本政策投資銀行（旧日本開発銀行）などが発行するようになった。政府保証はつかない。金融債（現存額 5.1 兆円）は長期信用銀行法などにより旧長期信用銀行である日本興業銀行、日本長期信用銀行、日本債券信用銀行と農林中央金庫（農林中金）、信金中央金庫（信金中金、商工組合中央金庫（商工中金）に発行が許され、現在は普通銀行に転換した銀行では収束し、農林中央、信金中金、商工中金のみ発行可能である。一般事業法人が発行する普通社債（現存額 85.5 兆円）も市場は大きくなってきている（22 年末、日証協）。

　こうした市場の出し手（発行元）として政府、地方自治体、政府系機関、金融機関（旧長信銀、政府系金融）、一般事業法人がある。

　買い手としては機関投資家（信託銀行、保険、投資信託、年金基金、各種ファンド）、銀行、個人、一部一般事業法人、外人が挙げられる。

　仲介者として証券会社がある。

　長期調達の場としての株式市場は 2013 年に東京証券取引所と大阪証券取引所を統合した日本証券取引所が日本の中心的市場となっている。2022 年末の日本証券取引所の時価総額で 705.4 兆円に達する。上場銘柄は 3,863 におよぶ。2022 年の年間売買代金で 872.6 兆円と日本の経済規模を上回る。主なプレーヤーは証券会社、外国人、機関投資家、銀行、一般法人がいる。

　なお、2022 年に市場改革があり、東証一部、二部、マザーズ、JASDAQとなっていた市場区分はプライム、スタンダード、グロースの市場区分となった。3 市場は株主数、流通株式時価総額、流通株式比率などで異なる基

準を求められ、プライム市場はさらに後述のコーポレートガバナンスでも厳しい要求水準を満たさないといけない。

　2022 年 4 月初めの改革当初の段階で東証一部の 2177 社の内、1839 社がプライム市場を選択し、338 社がスタンダード市場を選択した。しかし、プライム市場の選択をした企業の内 295 社が上場の適合基準に向けた計画書を出すに至った。流通ベースの時価総額など基準を満たすまでの猶予期間が与えられたが、2026 年 3 月までの経過措置とされている。東証 2 部の企業はスタンダード市場を選択した。

　他にも名古屋証券取引所、福岡証券取引所、札幌証券取引所があり、各々セントレックス、アンビシャス、Q ボードといった新興市場も備えている。各企業は地理的条件や上場基準も考慮し、重複上場も含め、上場する市場を決める。ただし、99.9％の取引が東証でなされている。さらに PTS（私設取引システム）の発展が期待されている。金融ビッグバンの時以来の課題だが、個人投資家が取引時間外に取引を行ったり、取引所のシステム障害の際にセイフティーネットになるなどの役割が期待されている。

（３）その他の金融市場

　その他の市場に為替市場やデリバティブ（金融派生商品）市場などがある。

　BIS の 3 年に一度の調査である外国為替及びデリバティブに関する中央銀行サーベイ（2022 年 4 月中取引高調査）によれば我が国の外為市場の 1 営業日あたりの平均取引高は 4,325 億ドルにも達する。

　デリバティブとはその名の通り株式や債券、不動産といった原資産から生じた商品である。これらはペーパーレスでなければ証券があったり、不動産が目の前にあったり現物があるので直感的にわかりやすいが、為替、株式指数、ローン、天候など物理的な形がないものに対象が及び、手法も後述のよ

うに多様であるために高度な理解力を要する。

　確率論や微分方程式など高度な理解力が必要とされ、伝統的な金融経済学をベースとするものの一線を画する金融工学が発達した。1980 年代末からの緊張緩和による軍縮などで航空工学などへのニーズが減り、ウォール街に流れた工学者がデリバティブの発展に寄与したとされる。デリバティブ取引はリスクの管理に役立ち、現物がなくても行えるために流動性に優れ、価格の検証も出来るという利点がある。

　参加者には銀行や保険会社、証券会社や FX 会社といった第一種金融商品取引業者などがある。

　デリバティブ取引には予め将来の売買について約束する先物、先渡し取引や固定金利と変動金利、異なる通貨を交換するスワップ取引、買ったり売ったりする権利を売り買いするオプション取引などがある。

　また特殊なデリバティブとして信用デリバティブ（クレジット・デリバティブ）がある。クレジットイベント（倒産、債務不履行）に関するデリバティブを言う。世界金融恐慌の一因となった CDS（クレジット・デフォルト・スワップ）は売り手が保険料を受け取り、イベント発生時の買い手の損失を補償する。CDS が証券化商品にかけられたために想定元本はピーク時の 2007 年に 61.7 兆ドルに達し、4000 億ドル超と多くを扱った保険会社のＡＩＧが危機に陥った。

　天候デリバティブも気温や降雨量などを扱った特殊なデリバティブである。

　デリバティブ取引は巨大であり、OTC（On The Counter、相対）取引と取引所取引がある。日本銀行の「デリバティブ取引に関する定例市場報告」によると 2021 年末の日本の主要デリバティブディーラーの取引残高の想定元本は相対取引が 64.9 兆米ドル、取引所取引が 4.3 兆ドルと圧倒的に取引所を介さない取引が多くなっている。リーマン・ショック時に不透明な取引の

多さが問題となり、取引所集中が唱えられたが、未だ相対取引中心である。

　市場という点では取引所取引を挙げるべきであるが、主な取引の主流である OTC 取引の想定元本は金利スワップで 47.2 兆ドル、金利関係のオプションで 7.3 兆ドル、直物と先物を組み合わせたフォワード・為替スワップが 5.3 兆ドル、通貨スワップで 2.8 兆ドルとなっている。

第 3 節　円の国際化と東京市場

（1）円の国際化

　日本の金融市場の中心である東京市場を巡っては通貨の国際化も絡んで自由化が進んできた。

　1980 年代に日本の経常収支黒字が拡大、米国など金融に競争力を持つ各国は公正な競争を金融にも求め自由化圧力を強まった。

　1984 年には日米円ドル委員会報告書が出され、東京市場の自由化、国際化を求めた。

　1985 年にはプラザ合意、急速な円高が進むも 1986 年の段階で輸出の円建て比率は 37%、輸入は 10% に過ぎなかった。日本経済の拡大、東京市場の拡大の中、国内でも円の国際化を求める声が大きくなった。

　円建てＢＡ（引受手形）市場の創立や東京ドルコール市場の整備で東京市場がさらに拡大し、ニューヨーク、ロンドン市場と並ぶ三大市場となり、証券投資の決済でも円建て取引が拡大するなど三極体制が期待された。

　1986 年には東京オフショア市場が設立され、非居住者と特別国際金融取引勘定を開設した銀行が参加し、取引が拡大した。東京市場の国際化という点では一定の役割を果たした。

　しかし、外国法人が国内で発行する円建て外債（サムライ債）などは増加せず、同じ円建て債でも海外で発行されるユーロ円債に流れた。

（2）円の国際化が進展しない理由

　円の国際化は以下の理由で進まなかった。

　1）アジア危機まではアジア通貨の多くがドルペッグで対円レートが大きく変動した。

　2）バブル崩壊後、日本経済が低迷した。そのために設備投資などが減少し、事業法人の資金調達ニーズが薄れ、金融機関も不良債権問題で積極的な投融資に動きにくくなった。

　3）東京市場も金利の自由化は進んだが、業務の自由化は進まなかった。業態をまたがって銀行の保険窓販などが出来るようになったのは金融ビッグバン以降である。サムライ債の発行も日本語の複雑な取引が要求された他、会社法が改正されM＆Aが容易になるまでさらに数年を要するなど外資にとり東京市場は使いにくいものであった。

　それでも1995年に一時1ドル80円を切る中で輸入の円建て比率は2割まで進んだ。輸出は3割台で横ばいとなった。

　こうした経緯を踏まえて財務省の審議会である外国為替審議会（1999）では円の国際化の必要性と意義を再確認している。

第4節　国際金融都市　東京

（1）東京市場の反撃

　円の国際化が進展しない中、東京市場はシンガポール、香港、上海などとアジアのハブ市場を競ってきたが、邦銀の地位が相対的に中国に比較して低下するなど厳しい競争環境となった。2011年にはTokyo Pro Bond Marketが設立され、必ずしも日本語での開示をしないでも英語での開示でもよくなった。東京証券取引所によれば地方公共団体金融機構や国際協力機構など

がよく起債する他、外国銀行の東京支店なども資金を調達している。ただし、活発化しているとはいえない状況であり、英語での開示でも良い点や開示の頻度も低くて済むメリットなどをより協調していく必要がある。

2013年には東京証券取引所や大阪取引所を統合した日本取引所グループが発足するなど、競争力の維持に努めた。これにより国内では圧倒的なシェアを占めるものの、株式の時価総額では香港、上海市場と競い合っている。

東京都は2017年に「国際金融都市・東京」構想を発表し、外国金融系企業と人材の誘致をはかり、さらに2021年にはグリーン化、デジタル化を進めるべく同構想のアップ・デートを進めた。

東京都によればグリーンファイナンスを進め、フィンテック企業の誘致やデジタル化、キャッシュレス化などを進めるとしている。また、運用業者の量や伸び率が競い合う都市に比較して十分ではなく、負担の重い、ミドル、バックオフィスの外部委託費用の補助や創業支援のために「東京開業ワンストップセンター」を東京都と国との共同で開設するとしている。

高度専門人材が住みやすくするために相続税など税制においても考慮するようになってきている。

（2）国際金融都市・東京

円の国際化の障害ともなった英語の発信についても企業の投資家向けの資料の英訳支援などを行うとしている。

2019年4月には東京国際金融機構（FCT:FinCity　Tokyo）が設立され、①情報発信、②海外プロモーション組織との連携、③金融系外国企業誘致、④政策提言一などの事業を開始した。

ニューヨーク、ロンドンの二大金融市場の次の存在をアジアの各市場が争う状況になっており、シンガポール、香港、上海、北京、深セン、ソウル、東京が競争している。また欧米でもロサンゼルス、サンフランシスコ、シカ

ゴといった米国諸都市の市場やパリやフランクフルトがこれらのアジア市場と競っている。

　東京がアジアでも苦戦している理由に元々低金利が長く、外国人の日本の債券に対する需要が低く、そのためにグリーンボンドなどでも市場規模で劣ってしまうことがある。こうした環境面は欧州が特に重視するために今後は伸ばしていく必要がある。ライバルの市場がある中国も人民銀行などがグリーンファイナンス関連の整備に注力しており、競争は激しくなっている。

　イスラム金融に関しても課題を抱えている。

　イスラム金融は銀行、資本市場、保険（タカフル）で成長が続いている。1960年代に始まったイスラム金融は現在では50か国以上に広がり、アラブ首長国連邦やバーレーンなどの中東諸国、アジアのマレーシア、インドネシアの市場のみならず、欧州でもロンドン市場、ルクセンブルク市場などで盛んに取引がされている。国際基準の策定機関としてイスラム金融サービス委員会（IFSB：Islamic Financial Services Board）があり、日本銀行も2007年にオブザーバー参加が承認された。

　イスラム教の教義では金利を取ることを禁止されているために、例えば我が国の資金調達主体が社債でイスラム教の教義に忠実な投資家から社債などで調達しようとしても出来ない。

　イスラム金融ではイスラムの法や慣行の根源であるシャーリアに適合的に利子を回避して金融取引を行う。このシャーリアに適合的であるかを判断する人材が必要となる。

　イスラム教の債券にあたるものはスクークと呼ばれ、特別目的会社（SPC）を札率して投資家から資金を集めてイスラム金融の代表的な手法を使って発行される。

　日本版スクークは発行体が所有する不動産を特定目的信託に信託し、投資家から資金を集めて信託した不動産を賃借して賃料を払う。投資家は発行体

が発行した日本版スクークに対して、その発行体の払う賃料を原資とする分配金を受け取ることで利子を回避する。不動産の登録免許税や分配金への源泉徴収は令和４年度税制改正では優遇措置が延長されたが、課税された時点で海外市場への優位性が薄れかねない。

　東京市場は他にもキャッシュレスにも遅れており、フィンテックで遅れている市場との印象も持たれかねない。日本ではクレジットカードの普及率は高いものの、手数料が高いことがよく知られており、利用率が高くならない。各国で進んでいる第三者決済やデジタルマネーの導入も遅れており、ビジネスチャンスに溢れた市場には見えない（後述）。

　東京市場が克服すべき課題は多い。

［BOX1］金融ビッグバン

96 年 11 月 11 日に当時の橋本総理が大蔵大臣と法務大臣に指示を出す形で始まった。

Free、Fair、Global を三原則とし、86 年に行われたサッチャー政権下の英国の証券市場改革、所謂「ビッグ・バン」にあやかっている。行政、経済、財政、社会保障、教育、金融の橋本六大改革の一環として行われた金融システム改革である。

この議論は金融制度調査会の他、保険審議会、証券取引審議会、外国為替審議会、企業会計審議会で行われ、結集した。

外国為替法が改正され（98 年 4 月施行）、個人向け外貨建て商品が自由化され、銀行での投資信託や保険商品の販売が可能になり、持ち株会社制度の活用等が可能となった。

今日の金融機関の形態、収益源を考えるとこの時の影響が大きかったことがわかる。

金融ビッグ・バンの理論的背景として当時唱えられたのが「範囲の経済性」の存在である。

範囲の経済性とは複数生産物 Y 1、Y 2 を生産する時のコスト C が、一つの企業で生産した方が少なくてすむことを意味する。

$$C(Y_1,\ Y_2) < C(Y_1,\ 0) + C(0,\ Y_2)$$

となる。

ここで 2 階微分可能なとき、以下のような費用の補完性が生じる。

$$\frac{\partial^2 C}{\partial Y_1 \partial Y_2} < 0$$

これに対して再編などで費用を C、生産物を Y とした時に

$$\frac{\partial C}{\partial Y} < 1$$

となる時に「規模の経済性」があるという。

　「範囲の経済性」などを求めて業務の多様化が進み、先述の他にも証券総合口座導入、証券デリバティブの全面解禁、ABS など債権等の流動化、証券会社の業務多様化、株式売買委託手数料の自由化、証券会社の免許化から原則登録制への移行といった多くのことが金融ビッグバンの中でなされた。

　投信信託の銀行窓販は 1998 年末に、保険商品の銀行窓販は 2001 年以降段階的に進み、2007 年には全保険商品に及んだ。今日の役務取引収益の貴重な収益源となっている。

第2章　家計と金融

第1節　家計貯蓄と消費

　SNA の家計は個人企業を含む主体となるが、日本の家計貯蓄率は高いことで知られてきた。貯蓄は消費の裏返しでもあり、つまり高い貯蓄性向は消費性向が低いということでもある。所得から税金などを差し引いた可処分所得の内、消費されない部分が貯蓄となる。

（1）消費理論と貯蓄

　個人の消費行動が何に規定されるかについては論争が展開されてきた。

　第二次大戦後の米国においてケインズ的な短期の消費関数とクズネッツのように長期的には平均消費性向が一定であるとする理由の整合性を巡って論争が激しく行われた。なお、クズネッツに関しては近年もピケティ（2014）の批判などがある。

　デューゼンベリーが唱えた相対所得仮説では過去の最高所得に消費が依存するとして、贅沢はやめられないことになる。トービンの流動性資産仮説ではより多くの流動性資産を保有する方が消費するが、長期的な平均消費性向一定と矛盾しないとした。

　モジリアニ他が唱えたライフサイクル仮説では個人の消費活動は生涯所得により決定することになる。フリードマンらの恒常所得仮説では所得には恒常所得と変動所得があり、消費が前者に依存、流動性の制約がなければ一定の消費があるとした。

（2）貯蓄、貯蓄率の推移

　家計の旺盛な貯蓄意欲で国際的にも高いとされてきた日本の貯蓄率は、高齢化などの影響から下がるとされてきたが、先に述べたように国際収支の好転とコロナ禍による消費機会の消失から高まった。

　日本の貯蓄の特徴として預貯金志向、保険好きなどの傾向が挙げられる。株・出資金は低迷したが、量的緩和、一部マイナス金利の中で 2021 年末には貯蓄残高の 7% にまでなっている。

　なお、ここで用いている SNA の所得支出勘定の貯蓄率は持ち家の家賃などを実際に家賃を払っているとして計算する帰属家賃を考慮していることや無職の世帯が入っている点で総務省の家計調査の勤労者世帯の貯蓄率とは一致しない。

　高齢化の進む日本において、これらの世帯の影響を考慮するためにも本稿では SNA の貯蓄率を用いる。

　戦前は少し様相が違った。明治時代に銀行制度が整備されるにつれて個人

（図表 4）日本の貯蓄率（%、年度）

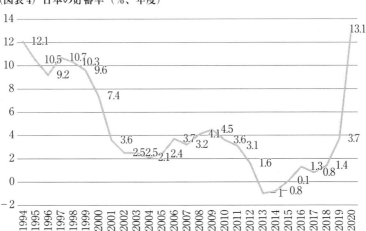

（出所）内閣府「国民経済計算年報」

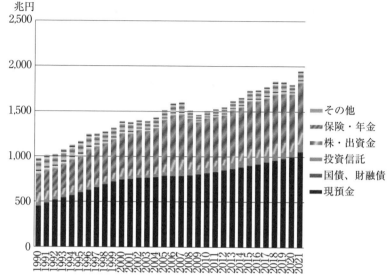

（図表5）個人貯蓄残高の推移

（出所）日本銀行「資金循環」

　の資産は現金から預金にシフトした。この動きは大正時代初期まで続く。1890年に社債が出されるなど社債、株式が整備されるにつれて個人が証券を多く保有するようになり、企業金融を支えた。

　銀行は個人貸出も盛んに行い、大正時代以降証券も担保として機能した。戦後のシステムとは明らかに異なった。

　戦後のシステムでは銀行は個人の預金を集め、メインバンクシステムの下、系列企業を中心に貸出を行った。

（3）貯蓄と所得分布

　貯蓄を考える際には所得分布も考えなければならない。

　所得分布が大きく歪んでいれば平均的な数値を考えても政策的含意などが変わってくる。

（図表6）ローレンツ曲線

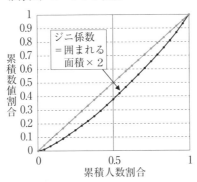

所得分布で一般によく用いられるのはローレンツ曲線を用いたジニ係数である。0.4を超えると警戒ラインで0.5−0.6に達すると社会的不安の警戒ラインとされる。

日本では厚生労働省が所得再分配調査を3年に1回行い、数値を算出、公表していて、税や社会保障での調整前と所得の再分配語の数値を公表している（2020年調査は中止）。

（図表7）再所得分配前後のジニ係数

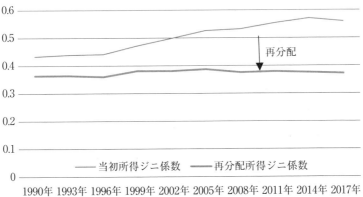

（出所）厚生省

　それによれば 1990 年の当初所得ジニ係数は 0.4334、再分配所得ジニ係数は 0.3643、2017 年の当初所得ジニ係数は 0.5594、再分配所得ジニ係数は 0.3721 となっている。所得格差批判は当初所得の格差からは起きやすくなっているものの、再分配後では警戒ラインの 0.4 は一貫して下回っている。

　ただし、当初所得ジニ係数の上昇は再分配の必要性を増し、それが行われるまでのタイムラグからの不公平感の再分配実行後の重税感などにつながると思われる。世代別に 40 代の所得再分配率は高く、所得層の高い層で高負担感は強い。

　なお、ローレンツ曲線やジニ係数については近年労働所得のみならず、資本所得に関しても格差が問われており、この点からも研究が進められている。

第 2 節　投資信託の発達

（1）投資信託と種類

　戦後小口の資金を投資に振り向けるために期待されたのが投資信託である。投資信託は 1950-60 年代に四大証券（野村、大和、日興、山一）を中心に販売され、人気を博した。また証券会社の発展に寄与した。

　今日では老後資金の蓄積手段としてミドルリスク、ミドルリターンの投資信託の役割は増大している。

　投資信託とは投資テーマを決めて（例日本株式、日本公社債、先進国低格付け社債、米国株）、投資家から資金を集めて一まとめにして運用会社が運用し、収益から経費を除いて分配する金融商品である。また機関投資家としての役割もある。

　投資信託の利点と特徴としては例えば株式投信を買えば、一社のみの株式

を買うよりもリスクを抑えることが出来る。信託契約に基づき少額から投資が可能であるにもかかわらず、ヒットする投資信託では兆円単位となるために規模の利益がある。発売時のみ購入できるクローズ型（ユニット型）といつでも購入、売却できるオープン型がある。

　投資信託の中でも公社債投信は比較的リスクを抑えた商品で、その中でもMRF（マネーリザーブファンド）は安全性の高い公社債に投資する。

　難点としては手数料が高いケースがあり、指数連動型のパッシブファンドでもない限り、大量のスタッフ（フロント＜ファンドマネージャー等運用＞、ミドル＜アナリスト等調査＞、バックオフィス＜事務＞）を必要とする。証券会社も短期売買を勧めたために長期の金融商品として定着しなかった。

　インデックスなどに連動させるパッシブ型は人的コストがかからないこともあり、多くの陣容を構え、様々な工夫をするアクティブ型を量でしのぐようになってきたが、市場へのフリーライド批判もあり、一概に効率的とも言えない。特に米国のS&P500のパッシブ投信は市場規模が大きいこともあり、よく買われている。インデックス投信の普及は株主の責任との関係からスチュワードシップ（後述）の観点からも議論を呼んでいる。

　ETF（上場投資信託）もその名の通り上場されているオープン型投信であり、各種指数に連動する。日本銀行の量的質的緩和（QQE、後述）では日本銀行の買い上げ対象にもなっている。そこで日本銀行がTOPIXなどに連動する投信を買ったために、日本銀行はETFを通じて多くの企業の大株主になっている。

　インデックス投資はCAPM（注）などに基づいているが、インデックスに投資する投資家が増える中で、そのインデックスが適正かという議論もある。日本のインデックスが低迷した90年代から2000年代にはベンチマークのインデックスを上回ってもマイナスリターンとなることが長年続き、投資家の不満が高まった。日経225はバブル期の1989年12月29日に38,957円

をつけてから 30 年以上最高値を更新しないことから銘柄の妥当性と入れ替えがしばしば話題となった。他の代表的な指数の TOPIX も浮動株比率や、多く含まれている地方銀行、第二地方銀行などの極端な PBR（後述）の低さなども投資家の期待を下回っていることを意味していた。そこで単に時価総額などで加重平均をしたインデックスではなく、ROE などの財務指標や時系列の変動などを反映した指標であるスマートベータ指数を用いた運用などが出てきた。そのような動きの中で 2014 年には JPX 日経インデックス 400 が開発された。同指数では ROE、営業利益、時価総額などが重視された。

　その後もより良いインデックスを開発する動きが続いている。そうしてできたのが、長期投資家向けで国立大学法人京都大学と株式会社 JPX 総研が 2022 年 10 月に発表した京大川北／ JPX 日本株指数である。

　川北（2023）によれば、この指数は東証 33 業種のうち、「銀行業」、「証券、商品先物取引業」、「保険業」、「その他金融業」を除く全東証上場企業を母集団とする。そして、売上高成長率、製品サービスの利益率（独自性）、投下資本効率性、株主資本効率性、資本構成、海外展開力の水準、及びこれらの安定性を基準として、京都大学が選定した銘柄 200 社を算出対象としている。個別銘柄のウェイトの上限は 1％、毎年の入れ替えの上限は 10 社としている。また後述の ESG の観点からも優れた企業が結果的に選ばれている。

　不動産投資信託（REIT）も日本銀行の調節で買い上げ対象となっている。運用会社が資金を集め複数の不動産に投資し、そこからの賃料や売却収益から生じるキャッシュ・フローを投資家に分配する。

　また、個人で評価するのは難しいので評価機関が発達した。評価機関が個人投資家に代わりファンドを評価する。

（2）貯蓄から投資へ

　個人はほとんど現預金で持っていたが、橋本内閣（96-97）による金融ビッグバン以降の「貯蓄から投資へ」の流れの中、株式、社債、投資信託の購入等、企業金融に関わるようになってきた。それでもまだ現預金が50％を超えており、ユーロエリアの30％台、米国の10％台に比べ現預金偏重となっている。

　超低金利の中でやっと進んだ貯蓄から投資への動きだが一服しつつある。相場下落、商品複雑化の中で金融商品を巡るトラブルも増え、裁判によらない紛争解決制度の金融ADR（Alternative Dispute Resolution）も2009年に始まった。近年、投資信託も一定の率を保っているが、顧客に損をさせる例も多く顧客本位の業務運営（フィデューシャル・デューティー）が問われている。受託者は様々なことが出来てしまい、規律が必要となる。米国は2017年から広い範囲の金融機関、金融サービス会社、フィナンシャルアドバイザーにルールを課している。日本の場合は年金基金が厚生労働省の管轄下にあるなど複雑な事情はあるが、金融庁は2018年に「顧客本位の業務運営に関する原則」を策定し、法律のみならず、契約によっても生じる責任に

（図表8）個人金融資産の内訳

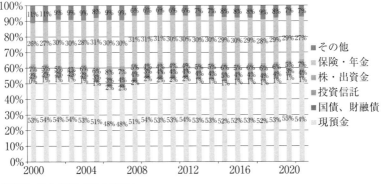

（出所）日本銀行「資金循環」

ついて注意を促した。また、「貯蓄から投資へ」の妨げになる手数料の不透明性などにメスを入れた。

　国際投資信託協会（IIFA）の発表している世界統計によれば 2021 年末のミューチュアルファンドや上場投信、機関投資家向けファンドを含む世界の投資信託の総額は 71.1 兆ドル、1 位は米国で 34.1 兆ドルと半数近くを占める。日本は 8 位で 2.4 兆ドルに過ぎない。

　種類別では株式投信が 33.6 兆ドル、公社債投信が 13.7 兆ドル、バランス型が 8.8 兆ドルとなっている。

　また日本の投資信託協会によると日本の公募投信の純資産残高は 164.5 兆円、内株式投信が 150.0 兆円、公社債投信が 14.5 兆円となっている。株式投信の内、海外型が 31.9 兆円、内外型は 40.5 兆円と多くが海外に向かっていることがわかる。インデックス型も多く、日経 225 連動が 21.1 兆円、TOPIX 連動が 37.2 兆円となり、日本株のアクティブファンドを買っていく姿勢に乏しい。

　（注）CAPM（Capital Asset Pricing Model））とインデックス投資
　異なる銘柄を組み合わせることでリスク対比で最適なリターンを得ることができる組み合わせ（ポートフォリオ）を示す線を効率的フロンティアという。市場が効率的な時に市場は最適なポートフォリオを目指すはずである。個々の銘柄のパフォーマンスは市場のポートフォリオとリスクのない証券（リスクフリー）証券との比較で表せる。このような考え方が 1990 年にノーベル経済学賞を授賞したウィリアム・シャープが主張した CAPM である。

　CAPM が成立する時に i 銘柄に投資する期待リターン E（R_i）はリスクフリー証券のリターン R_f、市場の期待リターン E（R_m）、市場ポートフォリオの収益率が 1％動いた時に個別証券のリターンが何％動くかという感応度 β との関係で次のように表される。

$$E(R_i) = Rf + \beta_i \times (E(R_m) - R_f)$$

$$\beta_i = \frac{\text{cov}(Rm, \ Ri)}{\text{Var}(Rm)}$$

Cov は共分散、Var は分散を表す。

i 銘柄に投資する時のリターン R_i は

$$R_i = a_i + \beta_i \times R_m$$

とすると右辺の第 1 項は個別要因、第 2 項は市場要因となる。市場が効率的で CAPM が成り立つ時 $a_i = 0$ となり、市場要因にのみ気を払えば良いことになり、多額の手数料を払い a を追い求めなくても手数料の安いインデックス投資の商品に投資をすれば良いことになる。

CAPM は現代ファイナンスの基本となったが、市場の効率性や情報の完全性への疑念から批判も多い。また実証的にもあまり確認されていない。またこのような関係が成り立つのはどのくらいの期間なのかがわからないとされている。

また CAPM の予測力があまりにも低いために別の要因を加味する研究が多くなされるようになった。

[BOX2] マル優と NISA、iDeCo

　戦後、資本蓄積を促進するために少額貯蓄の利子非課税制度（マル優）が実施され、300 万円を限度に利子がかからない制度となった。この制度は 1987 年度まで一般に対して続いたが、1988 年に 65 歳以上の高齢者等に限って適用されるようになり、一般には一律 20％（所得税 15％、住民税 5％）の分離課税が課されるようになった。

　その後 1994 年に 350 万円に枠が広がったが、2006 年からは高齢者向けは廃止され、障害者等の少額預金の利子所得の非課税制度となった。

　その後、2012 年 7 月の「日本再生戦略」において方向が示され、2014 年から少額投資非課税制度（NISA）が始まった。その背景には 2003 年以降の上場株式等に係る軽減税率による株式譲渡益課税 10％が 2013 年末に廃止され 20％に戻ったことが挙げられる。

　20 歳以上は年間 120 万円まで上場株式、ETF、投資信託、REIT を購入でき、5 年間非課税で保有できる。2016 年に始まった 20 歳未満を対象にしたジュニア NISA では 18 歳まで原則は払い出しできないものの、NISA と同じ対象資産を年間 80 万円まで購入出来、5 年間非課税で保有できる。2018 年に 20 歳以上を対象に始まった積み立て NISA は長期、積立、分散に適した一定の投資信託に年間 40 万円まで購入でき 20 年間非課税で保有できる。さらに 2024 年に拡充予定であった。2022 年 9 月には岸田首相が NISA の恒久化に言及し、12 月に 24 年 1 月に非課税期間の恒久化が与党税制改正大綱で発表された。同大綱では一般 NISA の枠を 240 万円、積立 NISA120 万円に枠を拡大することとして、生涯投資枠を 1800 万円までとした。

　2019 年に金融審査会ワーキンググループの報告書は老後の生活資金の不足を指摘、いわゆる「老後 2000 万円」問題が注目された。NISA の生涯投資枠もそれを意識したものとなっているが、さらなる備えが必要である。

　そこで自助努力の備えとして NISA とともに iDeCo（individual type Defined Contribution pension plan: 個人型確定拠出年金）という仕組みがある。年金の一階部分である国民年金（基礎年金）、二階部分である国民年金基金や厚生年金、三階部分で企業年金などがあるが、運用難から従来の確定給付年金から確定拠出年金に移行してきている。この確定拠出年金は 401k と言われ 2001 年に導入され、加入者が運用指図を行ってきている。その個人型が iDeCo で 2016 年にこの名称となり、2017 年には対象が広く公務員などにも広がり、掛け金の全額控除などの税制上の優遇措置が得られる。

第 3 節　家計と負債

（1）家計の負債と内容

　家計は貯蓄超過ではあるが、負債も増加している。

　近年、貸し倒れが少なく、収益が熱い個人部門に金融機関も注力、住宅ローンは収益源となっている。以前は住宅金融公庫が直接個人に住宅ローンを貸し出し存在が大きかったが、財政投融資改革以降は住宅金融支援機構として民間の住宅ローンを貸しやすいように支援している。その結果、民間の住宅ローンの開発が進み、趨勢的に伸びている。特に変動金利の住宅ローンが長引く低金利の中でシェアを伸ばしてきた。

　しかし、これには危険性がある。住宅金融支援機構の住宅ローン利用者の実態調査（2022 年 4 月）によれば、回答数 1500 件のうち、利用した住宅ローンの変動型が 73.9％、固定期間選択型が 17.3％、全期間固定型が 8.9％と変動型の金利を選択した利用者が圧倒的に多くなっている。

　またその時点での今後 1 年間の住宅ローンの金利見通しでも「ほとんど変わらない」が 46.1％、「現状よりも低下する」が 4.1％と改半よりも多く、「現状よりも上昇する」の 39.2％を上回っている（実際には 2022 年 12 月の日本銀行のイールドカーブコントロールの修正を受けて上昇している。

　また同機構の住宅ローン商品のフラット 35 以外の住宅ローン利用者が住宅ローンを選択した理由は「金利が低い」が 70.6％を占めている。

　住宅ローンに影響を与えるのが住宅税制である。返済期間や居住、床面積、所得といった一定の要件を満たした場合に所得税、住民税から減税される。

　こうした税制も含めた、金利の見通しや実際に金利が上昇した時の影響についての金融基礎教育が重要になってきている。

（図表9）金融機関からの個人負債

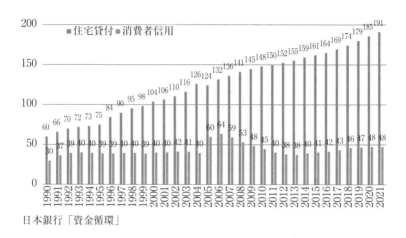

日本銀行「資金循環」

負債でその他に多いのが自動車ローン、カードローンである。これについても金融リテラシーを高める教育が必要である。

（2）負債と利息

利息については利息制限法で従前より元本が10万円未満の場合に年20％、原本が10万円以上100万円未満の場合に年18％、原本が100万円以上に年15％を上限としている（遅延損害金については度々変更あり）。

他方、出資法では2010年の改正までに上限を29.2％としていたために、過去に取り過ぎた部分は過払い金として請求できることになったために、利息制限法との間の金利はグレーゾーン金利とされていた（2010年の改正で出資法の上限は20％となった）。

社会的にも多重債務者や高利で借りた人の返済問題が注目される中で、2006年の最高裁判決でグレーゾーン金利を実質的に否定する判決が出た。

貸金業法は2006年12月末に改正され、2010年より6月より完全施行さ

れた。

　こうした中で、過払い金の返金問題などから、以前からの消費者信用業者が経営を悪化させ、借り手の年収の証明を必要とし、年収の3分の1を超えないとするなどの書類手続きの煩雑さもあって、より手軽な銀行のカードローンなどに需要がシフトした。

[BOX3] 金融基礎教育の必要性と普及

　年金などの将来設計や貯蓄から投資への行動変化とリスク管理、家計での負債の管理でも重要なのが金融基礎知識である。

　2012年6月のG20ロスカボスサミットでは先にOECD（経済協力開発機構）の金融教育に関する国際ネットワーク（INFE）が作成した「金融教育のための国家戦略に関するハイレベル原則」を首脳間で承認した。

　これにより家計管理、生活設計、金融知識及び金融経済事情の理解と適切な金融商品の利用選択に向けて、各国が外部の知見も適切に活用しながら金融取引、保険商品、ローン、資産形成商品などについて金融基礎教育を行うことになった。その後、米国の金融引き締めを巡る個人投資家の混乱などもあり、金融知識の有用性が確認された。

　日本では2012年11月には金融庁が金融経済教育研究会を設置し、議論を交わした。

　2013年6月に日本銀行が事務局を務める金融広報中央委員会に金融経済教育推進会議が設置され、2014年6月には金融リテラシーマップが作成された。2016年、2019年には金融広報中央委員会が金融リテラシーに関するアンケート調査が行わた。

　しかし、日本では各教育段階でのカリキュラムに余裕がなく、正課教育に金融基礎教育を組み込むのが厳しかった。複雑な金融商品などを教える教育の担い手を学内外の誰に託したらよいかということに関する議論もあり、外部の知見を借りながら行われていたが、2022年度より高校の家庭科の授業で株式や債券、投資信託といった金融商品に関する教育が行われるようになった。

　2021年6月に発表された金融庁「リスク性金融商品に係る顧客意識調査結果」によれば外貨預金や仕組債、円建社債、株式、投資信託、貯蓄性保険

といったリスク性金融商品を保有している場合は株式が最も多く、持たない理由として十分な金融知識がないという回答が最も多かった。

　リスク性資産の保有に関しては金融機関の担当者に相談するという回答者が４割を超え、金融機関の重要性がわかる。それにもかかわらず運用成績に満足している人が２割で、顧客本位の業務運営の必要性がわかる。

　そうした中で日本も金融教育を国家戦略にする方向に動いている。

第3章　企業と金融

第1節　MM 定理の呪縛

　企業にとって資金をどう調達するかは時に死活的な問題である。しかし、経済学部でこの問題が十分に扱ってこられたとは言えない。

　モジリアニ・ミラー（MM）の命題は3つあるが、有名な第1命題では法人税や手数料のない完全市場を前提とした時にレバレッジ比率（$\frac{他人資本}{自己資本}$）が変わっても企業価値は変わらないとした。これにより資金調達の際に負債（＝他人資本）で調達するか、株式で調達するかは経済学では些末な問題とされ、経営学に分類されるファイナンスの問題というのが一般的な扱われ方である。他方、負債の部分の銀行借入（間接金融）部分の提供側の銀行行動はバンキングとして経済学の一環として扱われている。資金の流れは世界的に間接金融から直接金融へとシフトしているだけに経済学の不幸とも言える。

　因みに第2命題では株主の要求するリターンはレバレッジに比例して大きく、第3命題では資本構成が変化しても WACC（加重平均資本コスト）一定となることを示している。

　この章では企業が市場から直接資金調達する直接金融の部分を扱い、間接金融の部分は貸し手側の銀行など預金取扱機関を扱う章で扱う。

　企業は設備投資や運転資金のために資金を調圧する。企業の投資を決める現場ではマクロ経済環境の状況を考え、その上で外部と内部の資金調達環境

と固有案件の条件が問題になる。

　バブル経済期期などには 10 兆円を超えるネットの増資での調達があったが、近年の実際の資金調達では内部資金で賄うことも多く、外部資金を必要としないケースもある。近年の日本ではそういう傾向もあったが、明確な危機においては外部資金を多く必要とする。

　コロナ禍で 2020 年度の借入金は急増した。実質無利子・無担保のゼロゼロ融資がなされ、借入金が急増した。特に長期借入金が急増している。

　また、事業復活支援金などの事業者向けの給付金により、内部留保も急増している。

　従って、外部調達と内部調達を合計した資金調達の総額は 2019 年度から 2020 年度に 50 兆円以上増加した。

（図表 10）日本企業の資金調達

兆円、％

年度	2016		2017		2018		2019		2020	
		構成比		構成比		構成比		構成比		構成比
資金調達	48.5	100.0	112.5	100.0	92.9	100.0	88.5	100.0	139.0	100.0
外部調達	▲ 37.2	▲ 76.8	11.6	10.3	17.4	18.7	25.6	29.0	58.1	41.8
増資	▲ 56.6	▲ 116.8	▲ 3.8	▲ 3.3	1.5	1.7	▲ 3.8	▲ 4.3	▲ 6.0	▲ 4.3
社債	9.5	19.5	6.4	5.7	5.7	6.1	9.5	10.7	14.3	10.3
借入金	9.9	20.5	8.9	7.9	10.1	10.9	20.0	22.6	49.8	35.8
長期	11.0	22.7	3.3	2.9	6.5	7.0	10.6	12.0	35.9	25.8
短期	▲ 1.1	▲ 2.2	5.6	5.0	3.6	3.9	9.3	10.6	13.9	10.0
内部調達	85.6	176.8	100.9	89.7	75.6	81.3	62.9	71.0	80.8	58.2
内部留保	47.6	98.3	62.8	55.8	37.5	40.4	23.9	27.0	42.1	30.3
減価償却	38.0	78.5	38.2	33.9	38.0	40.9	39.0	44.0	38.8	27.9

（注）増資に関しては公募増資もあるが、自社株買いもありマイナスにもなる。
（出所）財務省　法人企業統計年報

第2節　企業金融と社債、格付け機関

（1）社債とその種類

　日本では長い間、銀行借り入れが中心で、メインバンクシステムが発達し、その情報優位と規制の下に社債での調達が少なかった。そうした状況は金融不安と銀行の合従連衡などによるメインバンクシステムの衰退、企業の資金余剰の増加、市場の自由化などで変わってきた。ここでは社債とそれを支える格付け機関の問題を扱う

　株式との違いは社債とは発行会社に対する債権を証券化して、決まった償還期限に返済し、決まった期日に利息を支払うことを約したものである。株式にはこうした期限はない。債券保有者は貸付を行ったものと同じく、倒産などの際には普通の社債は優先的な弁済を受けることが出来る。株式は倒産などの際の弁済は劣後する。企業の貸借対照表では社債は負債、株式は資本に入る。

　社債の種類では普通社債は通常の社債で、満期時に償還価格で一括償還される。劣後債は倒産などの際に弁済順位が劣後する債券で信用リスクが大きくなる分、金利は高くなる。その株式と似た特性からバーゼル規制では補完的資本に入り、金融機関などが自己資本規制対策で発行することがある。新株予約権付き社債は一定の価格で株式を購入する権利を付けた社債で、その分、割高に設定されており、株価が新株予約権を下回ると損になる。

　社債の呼称として国内普通社債は国内の企業が円建てで発行する通常の社債で、ユニークな呼び名のサムライ債（非居住者発行円債）は海外の国や企業が円で債券を発行する際の債券である。

（図表11）社債発行銘柄数

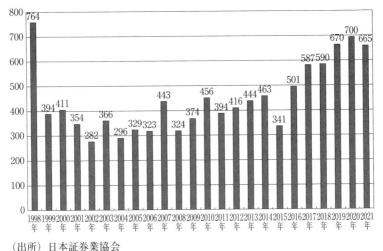

（出所）日本証券業協会

　居住者発行外貨建て債は日本や国内企業が海外で外貨建て債券を発行した時の名称である。ユーロ円債とは、一般にユーロ市場とは通貨がユーロのものではなく、国を離れた資金がやり取りされる市場である。オイルマネーなどが入り市場が発達した。その市場で発行される円債をユーロ円債といい、1984年に発行が解禁された。

　社債市場は徐々に自由化が進み、1993年に発行限度額が廃止され96年に適債基準（注）が廃止されると、急速に普及した。

（2）格付け機関（Financial Advisory Service）

　社債を購入する時の価格の決定の際に、格付け機関の格付けを参考にすることが多い。そうした格付け機関の格付けに頼らずに内部格付けで投資を行う機関もあるが、コストがかかり、合理的ではない。従って、定評ある格付け機関の重要性が認識されてきた。

　世界でビッグ3とされる格付け機関がムーティーズ、スタンダード・アン

ド・プアーズ（S&P）、フィッチ・レーティングスである。いずれも基本的に米国の機関で 20 世紀初頭から格付けを始めている。

　その他にその国特有の事情を踏まえての格付けを望む各国では自国の格付け機関の育成に励み、日本でも統合などを経て日本格付研究所（JCR）、格付投資情報センター（R&I）の 2 大格付け機関が広く認識されている。

　信用格付けにおいて企業に依頼されてつける依頼格付けと、格付け機関が公開情報を利用してつける非依頼格付け（いわゆる勝手格付け）がある。勝手格付けは限られた情報で付けるために利用には注意が必要である。格付け機関によって勝手格付けを別扱いしているところもある。

　なお、後述のバーゼルⅡにおいてはリスクウェイトの算出の際に勝手格付けの利用が制限され、位置づけが低下し、数も減少した。

　信用格付けにおいてトリプル A（表記 AAA，Aaa）が最上位の格付け、トリプル B（BBB，Baa）以上が投資適格、ダブル B（BB，Ba）以下が投資不適格とされる。それぞれ過去のデータを見るとデフォルト率（トリプル B で 5％程度）などは格付け順となり、裏付けられていた。

　BB 格以下はハイイールドと呼ばれ、日本においては社債発行が困難になるが、欧米ではハイイールド市場が発達している。日本では格下げの可能性も考慮するとシングル A 以上の格付けに投資が集中し、ベンチャー企業などの社債発行が困難であり、起業の困難性や間接金融優位の金融市場につながっていた。

　サブプライム問題以降の金融危機においてトリプル A をつけた証券化証券（債券の一種）が短期間に無価値になる例が続出し、格付けへの信頼が揺らぎ、格付け機関の認可制など規制強化の動きが活発化している。

　欧州では欧州証券市場局（ESMA）が設立され、監督にあたるようになった。米ドッド・フランク法では格付け機関への証券監視委員会（SEC）の監視が強まった。特に格付機関の行う業務に利益相反がないかについては

厳しく見るようになった。また米国で格付業務を行う外国の格付機関も規制され、日本格付研究所（JCR）も対象となっている。これら米国で格付業務を行う外国の格付機関は「全米公認格付機関（NRSROs）」と呼ばれ3大格付け機関の他、JCR など計9機関が対象となっている。ただし、金融機関や保険の格付け、社債や ABS（資産担保証券）の格付けにおいても3大格付け機関が圧倒的なシェアとなっている。アナリストにおいても 2020 年末の信用格付けアナリスト 5605 人の内 80％以上が3大格付け機関のアナリストであり、他の機関との差は大きい。NRSRO の機関は毎年 SEC の検査を受けることが米国証券取引所法によって定められている。

　世界の格付けにおいて米国の格付け機関の寡占状況になっていることは特に 2010 年代初頭の欧州債務危機の際に問題となり、米国優位の格付けに批判が集まった。中央政府（他に中央銀行や国際機関）の発行する債券の信用リスクへの格付けはソブリン格付けと言われ、その国の発行体の債券への格付けに大きな影響を与える。ソブリン格付けは決定的に重要である。ソブリン格付けが悪化するということはその国のマクロ経済環境や金融環境が悪化しているケースが多く、その国の事業体にとっては事実上シーリングが下がる形になり、この格付けを上回るケースは限られることとなる。

　国債の価格下落により金融市場での担保価値は下落する。

　金融機関が危機となり、政府が救済すれば、財政が悪化してソブリン格付けの悪化につながる。その国の債券を多く持つ金融危機の格下げにつながり、政府支援の必要性が増加する。ソブリン格付け自体を禁止しようとする動きさえ起きた。このように債務危機と金融危機のループに陥りかねない。欧州では格付け機関への批判が起き、そのような事態を招かないように欧州金融安定ファシリティ（EFCF）が 2010 年 6 月に設置され、さらに欧州安定メカニズム（ESM）が 2012 年 10 月に設立されることにつながった。ESM は財政危機に陥った国や銀行に融資をするなどユーロ圏の安定に資す

るものであった。

　こうした中、ESMA（欧州証券市場監督機構）が 2011 年に設立され、パリに本部が置かれた。格付け機関の監督機能も ESMA に移管された。日本からは JCR が ESMA の承認を得た。

　日本の関連法規は金融商品取引法になるが、2009 年に改正され、格付け機関に対する規制が導入された。アナリストについてや意思決定過程などが整備された。また、米国で NASROs となる場合には米 SEC による厳しいチェックが入り、決められた業務プロセスに従っているか、利益相反などがないかなどを確認される。

　近年の格付機関の動向としては隆盛する ESG 投資の中で格付け機関は ESG 要因の考え方を示し、格付けに織り込んでいる。また、グリーンボンドやソーシャルボンド、サステナビリティ債の格付けなどが増加している。これらは通常の信用格付けとは異なる視点での格付けが求められており、例えば Green1 や Social1 といったように通常の格付けとは異なる企業で格付けがなされている。

　この ESG 関連の格付けに当たっては欧州などでは透明性の問題が指摘されている。透明性がないと低い格付けをつけられた団体がどのように改善したら良いかが見えにくく、定量的なモデルの開発、開示など様々な課題がある。

　グリーンボンドは環境改善のために資金使途を区切った債券で、近年では偽って環境使途としてグリーンボンドを出すようなグリーンウオッシュに対して厳しい目が向けられるようになっている。ソーシャルボンドは社会課題の解決のために発行される債券である。また、サステナビリティボンドはその双方のために出されている。

　日本証券業協会によると 2021 年に日本国内で公募されたグリーンボンドは 84 件、1 兆 958 億円、ソーシャルボンドは 53 件、1 兆 1,642 億円、サス

テナビリティボンドは 42 件、5,210 億円と大きな規模になっている。

第3節　企業の投資行動とファイナンス

（1）企業の投資行動

　企業は設備投資や運転資金のために資金を調達する。企業の投資を決める現場ではマクロ経済環境の状況を考え、その上で、外部と内部の資金調達環境と固有案件の条件が問題になる。

　マクロ経済の状況によってある国の企業が投資を行うのに有利な環境かが決まる。

　マクロ的な設備投資は期待利益、利子率、資本ストック（設備投資の累計）などによって決まる。

　ケインズは投資の限界効率を示し、投資の現在価値を投資収益と利子率から求め、投資コストを投資の限界効率から求めた現在価値で計算し、限界効率と利子率の大小で投資の現在価値がコストを上回るかがわかるとした。

　外部での資金調達では銀行借入、社債、株式発行といった資金調達方法があり、どのような構成で調達するか、また、外から得た資金を内部的にどう配分するかといった問題がある。

（2）資金ファイナンスと株式市場

　資金調達企業はアンダーライター（証券会社）を通して投資家につながる。

　アンダーライターが株価の公募価格を決定する。債券ならば金利や年限を決定する。

　流通市場に株式を流し、ブローカーが注文を取り次ぐ

　流通市場としては証券取引所と証券会社他の私設取引システム（PTS）が競っている。

　証券取引所は東京、名古屋、福岡、札幌にあり、東京証券取引所は2022年4月よりプライム、スタンダード、グロースの区分の市場に分かれた。プライム市場はグローバルな投資家を相手に高度な開示や対話を求められる市場である。スタンダードは十分な流動性やガバナンスを備えた企業の市場、グロースは高い成長可能性を持つ企業の市場となっている。

　新規に株式を上場するIPOや増資、未公開株式市場で資金を調達するプライベート・エクイティ（PE）がある。

（3）投資尺度

　株式が割安か割高かなどと判断するには投資のものさし、すなわち「投資尺度」が必要となる。配当利回りは如何に株式からの収入が預金などより有利かという指標で下記のように求める。

$$配当利回り = \frac{一株当配当}{株価}$$

　世界的に一般に使われている指標に株価収益率（Price Earnings Ratio）があり、次のよう表される。先進国では15倍以下くらいが国際的に割安とされる。

$$株価収益率（PER） = \frac{株価}{一株当たり純利益（Earnings\ Per\ Share（EPS））}$$

　従って、株価 = PER × EPS である。

　日本では特にバブル期に株式持合いが多く、PERに上方バイアスがかかっていた。これは流通している株が少なく、持ち合い株の配当分があるために、これらを調整しないとPERをそのまま計算しても海外とは状況が違う値になるということがあった。

　利益は上下するために株価純資産倍率（Price Book-value Ratio）もよく

使われる指標である。1をきれば解散価値を下回っている。

$$株価純資産倍率(PBR) = \frac{株価}{一株当たり純資産(\text{Book-value Per Share(BPS)})}$$

従って株価 = PBR × BPS である。

こうした投資尺度で見て割安とされる銘柄に投資するような投資をバリュー投資、成長力が強い銘柄に投資をするような投資をグロース投資という。

日本のバブル経済期は PER、PBR も割高水準にあり、他の投資尺度が求められた。そこで注目されたのが Q レシオである。次のように表され、1を下回っていれば割安となる。

$$Q レシオ = \frac{企業の株式時価総額}{時価評価の純資産価値}$$

日本の各種計測では 0.3－0.6 で 80 年代まで推移したためにバブル期に株がまだ割安との根拠にされた。

しかし分母の純資産価値に含み益が含まれているために、このような時期には割安になりがちだという批判がある。

通常の財務指標で収益性を表す ROE、ROA は投資判断でよく使われ、次のように表される。

$$ROE(自己資本利益率) = \frac{純利益}{株主資本}$$

$$ROA(総資産利益率) = \frac{純利益}{総資産}$$

さらに次の式（デュポン式と呼ばれる）は ROE と ROA の関係を示して

くれる。

$$ROE = \frac{純利益}{売上高} \times \frac{売上高}{総資産} \times \frac{総資産}{株主資本}$$

$$= ROA \times 自己資本倍率$$

　負債を増加させレバレッジを増加させた方が ROE は高くなる。つまり他人資本（負債）を増加させた方が高く見えるので、M&A を重ねるなど急成長企業の方が高くなる。

　財務指標では創業歴の浅い企業の方が一般に負債の影響が出やすいために EBIT（Earning Before Interest and Taxes）～利払前・税引前利益（税引前当期純利益＋支払利息—受取利息）や国際比較に適した EBITDA（Earning Before　Interest Taxes Depreciation and Amortization）～利払前・税引前・減価償却前利益（税引前当期純利益＋支払利息—受取利息＋減価償却費）を用いることも多い。

　EV（Enterprize Value）即ち事業価値（時価総額＋純有利子負債）をEBITDA で除した倍率は EV/EVITDA 倍率と呼ばれ、企業を買収した際に何年分の利益で賄えるのかを表し、M&A の際に重視される指標である。

　適正株価を考える代表的なモデルもある。
　配当割引モデル（DDM）では　負債を考えない株主資本を対象に妥当な株式価値は将来受け取る配当の割引現在価値と考える

$$妥当株価 = \frac{D_1}{(1 + r)} + \cdot \cdot \cdot + \frac{Dn}{(1 + r)^n}$$

期待される毎期の配当 D を資本コスト r で割り引いた価格を足し合わせ

た価格となる。

　しかし、配当は配当政策や税制が絡むために、より負債も含めた企業の価値を反映する割引キャッシュフローモデルの方がより一般的。会計制度の影響も受けにくく、各国比較もしやすい。DDMとMM定理との関係では現在の配当を増やせば、当面は分子は増えるが、内部留保が減少して将来の配当が減るので、中立的である。

　鉄道や電力など公益産業などでは投資家が安定的な配当を重視するために用いられることが多い。また配当利回りの高いこうした株からのインカム・ゲインは生命保険などの基礎利益として計上できるために、配当が選好に影響し、株式価値に影響しているという考え方があてはめやすい。

　株主資本に加えて負債も含めた企業価値を評価するのが割引キャッシュフローモデル（DCF）である。

　n期のキャッシュ・フローをCFn、加重資本コストをWACCとした時

$$\text{企業の現在価値(EV)} = \frac{CF_1}{(1 + WACC)} + \cdots + \frac{CFn}{(1 + WACC)^n}$$

　今、A：資産　　D：負債　E：資本　T:実効税率　rD：負債コスト
rE：株主資本コスト　とする時に

　税がない時のWACCは

$$WACC = rD \times \frac{D}{A} + rE \times \frac{E}{A}$$

となる。

　税を考慮した場合は

$$WACC = (1\text{-}T)\ rD \times \frac{D}{A} + rE \times \frac{E}{A}$$

となる。

なお、A ＝ D ＋ E である。

　通常、負債の貸し手よりも株主の方がリスクに見合うだけリターンを要求水準が高いために通常は

rD ＜ rE

となる。

　たとえば負債コスト 3％、株主資本コスト 6％、自己資本比率 40％の企業があり、実効税率 30％とすると

　税を考えない時に

WACC＝3％ × 0.6 ＋ 6％ × 0.4 ＝ 4.2％

　税を考慮した時に

$$WACC = (1-0.3) \times 3\% \times 0.6 + 6\% \times 0.4 = 3.66\%$$

となる。

　この WACC をいかに低くして、それ以上の収益をあげるかということが企業及び財務担当者にとり重要なことである。

　（注）適債基準とは純資産額別に自己資本倍率、信用総資本授業利益率、インタレストカバレッジレシオ、直近 5 期連続の配当率で一定の基準を満たすべきとした基準である。

第4章　預金取扱金融機関と金融

　内閣府によれば、SNAにおける金融機関は98SNAまでは民間金融機関、公的金融機関、中央銀行に分かれ、民間金融機関はa）預金取扱機関、b）保険会社、年金基金、c）b）を除くその他の金融仲介機関、d）非仲介型金融機関に分かれていた。公的金融機関についてはa）保険、年金基金、b）a）を除く保険、年金基金に分かれた。

　これに対して2008SNAでは中央銀行、預金取扱機関、MMF、MMF以外の投資信託、公的専属金融機関、保険、年金基金、その他の金融仲介機関、非仲介型金融機関の9つに分かれている。

　また何をもって産出とするのかは難しい点があり、中間消費として見なされる機関活動もある。

　ここではまず、その中でも産出面において最も大きな位置を占める預金取扱金融機関について扱う。預金取扱金融機関には国内銀行、中小企業金融、在日外銀、合同運用信託などがあるが、まず代表的な金融機関である国内銀行等を扱う。

　なおSNAでは帰属利子という考え方が使われてきたが、93SNA以降「間接的に計測される金融仲介サービス（FISIM）」を金融仲介サービスの付加価値として扱っている。その対象となっているのは預金取扱機関や公的金融機関、ファイナンス会社、証券会社を除くディーラー、ブローカーなどである。中央銀行は対象としない。

第1節　主要銀行とメインバンクシステム

（1）メインバンクシステムの形成

　日本の金融は戦後に経済民主化と非軍事化を目指した連合軍最高司令官総司令部（GHQ）の方針をもとに持ち株会社を中心とする財閥が解体された。財閥による株式保有と支配が軍事力と結びつくことを防ぐこともあり、1947年には過度経済力集中排除法、独占禁止法が成立した。

　その後は特定の取引銀行を中心とする「メインバンクシステム」と言われるシステムが発達した。

　これは株式市場、社債市場といった直接金融が未発達であったことから資金調達が銀行借入に偏っていたことや、銀行の収益源も企業貸出に限られていたことなどが作用していた。

　メインバンクは資金が不足する中で優先的に自己がメインバンクとなっている企業に継続的に貸し込み、給与口座などを請負い、出向者を出し、株式の持ち合いを行った。企業は様々な取引と人を受け入れることで資金逼迫時の融資と、危機の際の救済を期待した。

　メインバンクを中心に「企業グループ」が形成され、どの銀行のグループの系列に属するかが企業にとり重要になった。「三菱グループ」「三井グループ」「住友グループ」「芙蓉グループ」「三和グループ」「一勧グループ」といった当時の都市銀行を中心とするグループが形成された。

　各々のグループが商社、自動車、電機、鉄鋼、セメントといった企業を系列に持った。

　財閥支配とは異なり、その支配は支配的なものでなく、旺盛な資金需要の中で多くの資金を調達するために他のグループの銀行とも深いつながりを持つ企業があった。また銀行の事業会社の株式保有も議決権の5％、保険会社

（図表12）株式保有比率

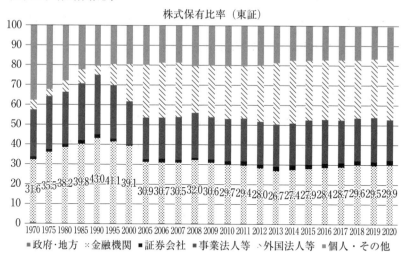

株式保有比率（東証）

■政府・地方　▥金融機関　■証券会社　■事業法人等　◥外国法人等　■個人・その他

の株式保有も議決権の10％に限定されていた。また金融持ち株会社が解禁されてからも銀行持ち株会社とその子会社が保有できる議決権は15％に定められている。

　日本固有のメインバンクシステムは高度成長期前後の日本の成長力の源泉とされ、諸外国からも研究がなされた。

　メインバンクは役職員を送りこみ決済口座を持つことから系列企業の動きについて他の銀行や格付け機関よりも情報コストを安く仕入れることが出来た。

　企業側も情報費用の安い分、金利が低いためにメインバンクから借りる方が他の銀行から調達したり、未発達な社債市場で調達するよりも有利だった。

（2）既存メインバンクシステムの崩壊

しかし、こうした関係は1990年代に大幅に変化した。

　産業構造の変化とグローバル化、成長の鈍化により各々の専業で銀行の数だけの企業は必要としなくなった。またグローバル化の中で外国人投資家が増加し、不透明な株式持ち合い制度はコーポレートガバナンスの観点からもそぐわなくなっていた。バブル期には持ち合いがPERなど投資尺度を歪め、健全な市場の発展にも望ましくないものとなった。

　さらに直接金融の発達で銀行以外の調達ルートが出来、メインバンクの傘下に入る必然性が薄れたのに加え、90年代の金融危機とバーゼル委員会の自己資本規制による銀行資産膨張の抑止は企業のいざという時の救済行動の余裕をメインバンクに許さなくなった。

　救済による悪循環（救済→貸出資産膨張→自己資本比率低下→貸出余力低下、国際業務停止の危機）があり、安易な企業救済が許されなくなった。

　1996年橋本内閣の提唱した金融ビッグバンは日本の資本市場の整備を進め直接金融化を進めた。メインバンクシステムの中、過度の銀行保護は行政との癒着を生み、不祥事や不良債権問題の顕在化と貸し渋りなどの中、銀行への保護は世論への配慮からしにくくなり、銀行の倒産も起きた。また単独

（図表13）近年の銀行の収益構造（全銀協ベース、10億円）

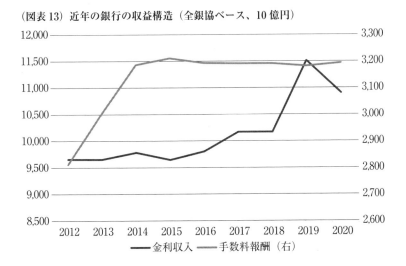

での生き残りが難しくなった銀行の合従連衡も促した。このような合従連衡
と倒産も銀行と企業の関係を希薄化させた。

　こうして 90 年代に従来型のメインバンクシステムは退潮したが、大口債
権者並びに大株主としてのメインバンクの存在が後退することにより、小口
の債権者である社債債権者が増え、かつ株主の分散は後述のコーポレートガ
バナンスの難易度と重要性を増加させることになった。

　融資残高もメインバンクシステムの中核行であった都市銀行を地銀、第二
地銀が上回り、従来型のメインバンクシステムは変貌を遂げた。

（3）金融危機とメイン寄せ

　1998 年以降は非金融法人も資金超過に転じ、資金の外部調達の需要が減
少した。直接金融も増加し、近年は優良企業に貸出を行いたくても借り入れ
てもらえない状況が続いていた。優良企業はメイン離れした。他方、不良債
権処理が進む中で問題企業では他の銀行が手を引き「メイン寄せ」が進ん
だ。

　結局メインバンクとの関係は薄れたが、多くの企業はメインバンクを変更
するまでには至らず、関係は継続している。

　2008 年来の金融危機では社債、CP 市場が麻痺する中でメインバンク貸出
と新規の貸出先に頼る優良企業も出て、優良企業でも「メイン寄せ」的状況
が出た。銀行は貸出からの金利収入に収益を頼らず、手数料収入を充実させ
た。

（4）メインバンクの役割の多様化

　メインバンクは取引先との関係が変化する中で、一行のみで貸すだけでは
なく、シンジケート貸付の幹事行になり他行の融資を取りまとめ、貸し出す
ための条件としての取引先の自己資本比率や利益の状況によって融資を打ち

切れる財務制限条項を設定するなど、事務を行っている。

ただし、リーマン・ショック時にはシンジケート団貸出が財務制限条項に抵触する企業が相次ぎ、調整に追われた。

また、融資枠を設定するコミットラインの設定でも積極的な役割を果たし、手数料を得ている。

また後述のように取引先の社債発行の際にも、取引先を最もよく知る機関として社債管理会社となることも多い。

様々な取引に関わる中、メインバンクは量だけでなく、幅広く企業の取引に関わるようになった。

第2節　地域金融機関とリレーションシップ・バンキング

戦前は一行一県主義の下、各地域の中心となったのは現在の地方銀行協会に加盟している銀行であった。

戦後、無尽会社が相互銀行となり、現在の第二銀行となった他、信用金庫、信用組合などの多くの金融機関が展開した。

バブル崩壊後、90年代以降に度々長期信用銀行、都市銀行、第二地銀、信金、信組の経営破綻があり、合従連衡も進んだものの、地方銀行協会加盟の地方銀行は2003年に1行に公的資金を投入したのみでほとんど、経営統合は進まなかった。

銀行、メインバンクの問題はどちらかと言うと旧都市銀行（今のメガバンク他）や都市型地方銀行に当てはまるケースが多い。しかし、日本では地域型の金融も多く、大きな位置を占めている。

小泉政権下で竹中金融相が就任した後に、2002年10月に金融再生プログラムを提示して以降、金融庁は旧都市銀行には統合を進め、国際的にも大規模化したメガバンク化を進め、不良債権処理を促した。他方、地方銀行や信

用金庫といった地域金融には 2003 年より地域密着型のリレーションシップ・バンキング（リレバン）という概念の実現を求めていた。都市銀行が貸し出しを伸ばせない中で地域金融がその穴を埋めていた。また都市銀行がコストをかけずに定量的な分析を重視し、トランザクション・バンキングを行うのに対して対照的な対応であった。

　金融庁は地域金融に下記の内容を求めた

　①創業・新事業支援事業、②経営改善支援、③事業再生支援、④担保・保

（図表 14）銀行・信用金庫の貸出（単位：兆円）

年度	総貸出	伸び率	都市銀行	伸び率	地方銀行		信用金庫	伸び率
2001	501.0	▲ 4.6	260.1	▲ 6.6	177.2	▲ 1.7	63.7	▲ 3.7
2002	479.7	▲ 4.3	241.5	▲ 7.1	175.8	▲ 0.8	62.4	▲ 2.1
2003	459.2	▲ 4.3	223.0	▲ 7.7	174.3	▲ 0.9	62.0	▲ 0.6
2004	447.1	▲ 2.6	211.4	▲ 5.2	174.0	▲ 0.1	61.7	▲ 0.5
2005	448.3	0.3	208.6	▲ 1.4	177.6	2.1	62.1	0.7
2006	452.7	1.0	208.7	0.1	181.6	2.2	62.5	0.6
2007	457.5	1.1	208.2	▲ 0.2	186.7	2.9	62.6	0.1
2008	473.0	3.4	214.5	3.0	194.7	4.3	63.8	1.9
2009	464.2	▲ 1.9	206.7	▲ 3.7	194.4	▲ 0.2	63.1	▲ 1.0
2010	456.2	▲ 1.7	197.2	▲ 4.6	196.5	1.1	62.5	▲ 1.0
2011	459.6	0.7	196.7	▲ 0.2	200.6	2.1	62.2	▲ 0.5
2012	466.6	1.5	199.0	1.2	205.7	2.5	61.9	▲ 0.5
2013	476.1	2.0	201.5	1.3	212.1	3.1	62.5	0.9
2014	488.3	2.6	204.5	1.5	220.2	3.8	63.5	1.7
2015	498.3	2.0	205.9	0.7	227.4	3.3	65.0	2.3
2016	513.0	3.0	210.7	2.3	235.6	3.6	66.7	2.6
2017	523.0	1.9	211.3	0.3	243.4	3.3	68.3	2.5
2018	535.3	2.4	215.1	1.8	250.8	3.0	69.4	1.6
2019	545.8	2.0	218.9	1.8	256.8	2.4	70.1	1.0
2020	580.0	6.3	233.8	6.8	270.1	5.2	76.1	8.6
2021	582.7	0.5	231.7	▲ 0.9	274.6	1.7	76.3	0.3

（出所）日本銀行「資金吸収動向」

証に過度に依存しない、⑤地域の利用者利便性向上などである。

　具体的にはベンチャーファンドへの融資、コンサルティング強化、取り引き先紹介、シンジケートローンの組成などを求め、達成状況の報告を求めることでモニタリングを行った。こうした取り組みもあり、地域金融の貸出は大銀行よりも1年早期に2005年から回復に向かっていた。地域企業との密着度を強めることは情報コストを低くすることにもなり、貸出金利も下げられるというのが金融庁の意図だった。また貸し渋りが担保の土地価格の下落との相乗効果だったこともあり、担保に頼らない融資を目指した。リレバンは2007年には恒久化された。

　他方、融資以外の業務では低金利の中、地域金融は手数料収入を重視し、投資信託や保険を顧客に売ったが、顧客の利益を損なう例も多くなった。そこで2017年には金融庁が先述の「顧客本位の業務運営」を打ち出した。さらにガバナンスの改善を促している。

　地域型金融は余資をインターバンク市場で運用することで安定した運用が可能だったが、90年代後半以降の超低金利でそうした運用が不可能になり、リレーションシップ・バンキングなどを着実に実行して貸出で運用できるか、それとも高いリターンを求めてよりリスクの高い証券投資に注力するかなどで分化した。ハイリスク・ハイリターンを求めた金融機関はサブプライムローン危機を端緒とした金融危機で大きな損失を被った。

第3節　地域金融の再編と統合

（1）地域金融の再編

　先述のようにバブル経済の崩壊後、不良債権問題などから大手銀行、第二地方銀行（旧相互銀行）、信用金庫などが再編した。バブル経済崩壊時に20行以上あった大手銀行は5つのグループに集約され、第2地方銀行協会加盟

行は 1998 年度の 57 行から平成終了時には 40 行に、信用金庫数は同期間に 401 から 259 にまで減った。

　しかし、地方銀行協会所属の地方銀行は長い間 64 行で変わらないままであった。護送船団方式と言われた金融行政の手厚い保護と、都道府県の指定金融機関であり、地方自治体との強い結びつきもあり、安定していた。地方自治体の収納業務を担い、地方債を引受け、地方行政と密接に結びついていた。

　しかし、人口減少といった収益環境の変化、運用難、フィンテック進展から再編が避けられなくなってきた。地方銀行の再編は第二地方銀行を巻き込んで行われている。

　今後の人口動態を考えても特に北海道・東北、甲信越、四国などで厳しく、金融庁も 2013 年頃から地域金融の再編について積極的に発信するようになってきた。

　第二地方銀行の減少は特に厳しく、関東、東海、近畿といった大都市のある地域では地方銀行との再編や第二地銀同士の再編が進んで、劇的に数が減少している。

　金融機能安定化法（累計 1.82 兆円）、早期健全化法（累計 8.60 兆円）、金融機能強化法（累計 0.68 兆円）と資本注入がなされ、一度は経営安定が達成されたとも見えたが、少子高齢化、過疎化も止まらず、さらなる経営再編が不可避である。

　証券市場改革で多くの地方銀行、第二地方銀行が東証一部からプライム市場への移行を志向したが、上場基準が厳しくなり、特定の持ち株会社の下に多くの地方銀行、第二地方銀行が集まり、銀行単体で上場しなくなるなど変化が起きている。

　DX（デジタルトランスフォーメーション）化における連携や運用における連携など経営統合や提携の再編の余地は多い。また PBR が 0.5 を切るな

（図表15）地域別第二地方銀行の変化

地域	2002年3月期	2022年3月期
北海道・東北	北洋 札幌 山形しあわせ 殖産 北日本 仙台 福島 大東	北洋 きらやか 北日本 仙台 福島 大東
関東	東和 栃木 茨城 つくば 京葉 わかしお 東日本 東京スター 神奈川	東和 栃木 京葉 東日本 東京スター 神奈川
甲信越	大光 長野	大光 長野
北陸	富山第一 石川 福邦	富山第一 福邦
東海	静岡中央 中部 岐阜 愛知 名古屋 中京 第三	静岡中央 愛知 名古屋 中京
近畿	びわこ 関西さわやか 関西 大正 奈良 和歌山 みなと	みなと
中国	島根 トマト せとうち 広島総合 西京	島根 トマト もみじ 西京

四国	徳　　島 香　　川 愛　　媛 高　　知	徳島大正 香川 愛媛 高知
九州沖縄	福岡シティ 福岡中央 佐賀共栄 長　　崎 九　　州 熊本ファミリー 豊　　和 宮崎太陽 南　日　本 沖縄海邦 八　千　代	福岡中央 佐賀共栄 長崎 熊本 豊和 宮崎太陽 南日本 沖縄海邦

（出所）全国銀行資料より筆者作成

（図表 16）地方銀行絡みの統合例

成立年	統合持株会社	傘下銀行		
2002	九州親和 HD	親和	九州	
2004	ほくほく FG	北陸	北海道	
2006	紀陽 HD	紀陽	和歌山	
2006	山口 FG	山口	もみじ	北九州
2007	ふくおか FG	福岡	熊本	
2009	フィデア HD	荘内	北都	
2009	池田泉州 HD	池田	泉州	
2016	九州 FG	肥後	鹿児島	
2016	コンコルディア FG	横浜	東日本	
2016	めぶき FG	常陽	足利	
2016	西日本 FHD	西日本シティ	長崎	
2018	三十三 FG	三重	第三	
2019	関西みらい銀行	近畿大阪	関西アーバン	
2020	十八親和銀行	十八	親和	
2021	第四北越銀行	第四	北越	
2021	三十三銀行	三重	第三	
2022	プロクレア HD	青森	みちのく	

（出所）各銀行 HP
（注）地方銀行協会加入の銀行関係のもの

74

ど極端に低い地域金融機関が多く、大株主の保険会社などにも後述のスチュワードシップ・コードの観点からも経営改善に向けての対話が求められている。

（2）ESG と地方銀行

近年は後述の ESG の観点も求められる。環境法令の遵守はもちろん、自らの総エネルギー投入量や温室効果ガス排出量を公表する地方金融機関が多いのみならず、融資先についても温室効果ガス排出量を配慮することが求められる。また社会問題の解決にどの程度関与しているか、NPO や NGO と連携しているかなども問われる。さらにガバナンスも問われることは自明である。気象変動が及ぼす金融リスクについて FSB（後述）はロードマップを作り情報開示、データ整備を促している。国際会計基準（IFRS）とも連動した議論が進められている。

内閣府も地方創生 SDGs を掲げ、さらには地方創生 SDGs 金融を促進している。SDGs 金融認証等制度構築都市も制定され、地方創生 SDGs 金融も打ち出され、CO_2 を地域金融自らも出せなくなった。

（3）銀行の経営統合の効果

日本ではまずシステム投資の負担が経営統合の大きな誘因になり、特に1980 年代以降の大量業務処理のための第三次オンラインは統合の誘因となった。また関東圏、関西圏、東海と分離していた商圏も統合することで効果があった。

バブル崩壊後、不良債権処理のための資本不足などもあり大銀行から銀行の合併などの統合の頻度が上昇した。今また地銀再編が重要課題となったが、銀行統合の効果の研究は以前よりなされている。

Hughes,Mester（1998）は金融資本充実が流動性などのリスクを減じるこ

とを述べ、生産物増加が金融資本を充実されるとし、リスク管理には生産要素である労働力と実物資本の増加が必要で、統合の意義を示した。Haynes,Thompson（1999）は銀行合併が①規模の経済性、②資産の選別、③資産のより良い経営者への移転、④暗黙の労働契約の再交渉の4つの側面を持つことを示した。

高橋（2003）では調達、運用、経営全体について計測を行い、メガバンク化のような銀行の合従連衡後の主体が調達や経営全体においてスケールメリットが見られるのに対して、運用面については見られないとしている。

総じてメガバンク化が進む過程では肯定的な研究が見られたのに対して、世界的な低金利の進展やFinTechの進展はスケールメリットを変えつつある。そうした中で地銀再編が行われており、経営統合のあり方には注意を要する。

第4節　不良債権、銀行破たんと金融システム

（1）不良債権とは

不良債権とは一定の条件で与信された債権のうち、返済の停滞や金利減免、未返却など条件通りに返却されない債権をいう。バブル経済崩壊後の1990年代には不良債権の額そのものを巡り様々な憶測がなされた。銀行法では破綻先債権、延滞債権、3カ月以上延滞債権、貸出条件緩和債権をリスク管理債権としている。98年10月施行の金融再生法（正式名称：金融機能の再生のための緊急措置に関する法律）では破産更生債権、危険債権、要管理債権を金融再生法開示債権として不良債権としている。

（2）金融システム

・金融取引及び金融取引の前提となる法律や規制などを金融システムとい

（図表17）金融再生法上の不良債権

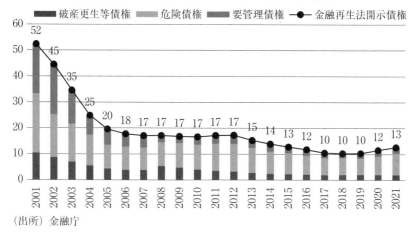

預金取扱機関金融再生法開示債権（兆円、年度末）

■破産更生等債権　■危険債権　■要管理債権　●金融再生法開示債権

（出所）金融庁

（図表18）貸出需要曲線、供給曲線

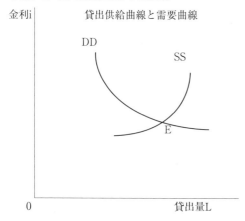

金利i　　貸出供給曲線と需要曲線

DD

SS

E

0　　　　　　　　　　　　貸出量L

う。

・不良債権問題の発生とそれに伴う銀行破たんは金融取引を麻痺させ、金融システムを危機に陥れることになった。

・貸出市場において通常は金利が低い方が重要が増加するため、貸出需要曲線は右下がり、他方、金利が高い方が貸し手は喜んで貸すために貸出供給曲線は右上がりとなる。

・Stiglitz,Weiss（1981）は情報の経済学を用いて信用制約を示した。

これは貸し手と借り手の間に借り手の信用力に対する情報の非対称性が

あり、貸し手は高い金利で借りたい相手には、本来は貸す量を増やすが、情報の非対称性のために、高い金利でも借りたいという相手を疑い、むしろ貸出供給を減らすために貸出供給曲線は右上がりではなく、屈曲するとした（レモン問題）。

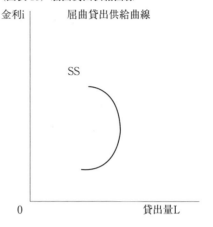

（図表 19）屈曲貸出供給曲線

・「貸し渋り」といわれる状況には大別して 2 つのタイプがある。貸出供給曲線と貸出需要曲線が交点を持つ時に貸出供給曲線が上方にシフトして金利が上昇する。信用コストが金利に転嫁される。

　このタイプの貸し渋りの時は金利の上昇が起きる。

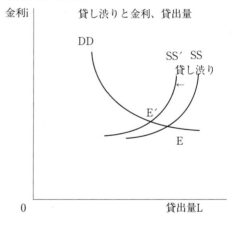

（図表 20）貸し渋り

・次に貸出供給曲線が屈曲などにより貸出需要曲線と交点を持たない時に「信用割り当て」と言う。この場合金利機能の調整が働かず、借り手は金利に関わらず借入が出来ない。

このタイプの貸し渋りが起きている時は金利は特に上昇しない。

・貸し渋りは「クレジット・クランチ」と呼ばれる。これに対してバーゼル規制などを意識して自己資本比率の低下を嫌い貸し渋る狭義の貸し渋りを

78

（図表21）信用割り当て

金利i

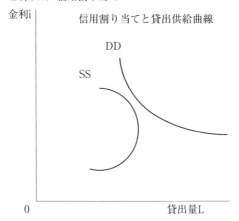

信用割り当てと貸出供給曲線

DD

SS

0 貸出量L

（図表22）需要低迷と貸し渋り

金利i

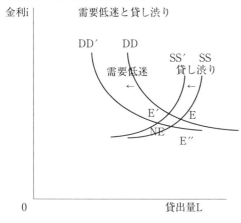

需要低迷と貸し渋り

DD′　DD　　　SS′　SS

需要低迷　　　貸し渋り

←　　　　　←

E′　　E

NE

E″

0 貸出量L

「キャピタル・クランチ」という。

・貸し渋りの原因としては不良債権が影響をもたらしていることが多くの実証分析から知られている。

　不良債権を売却（直接償却）すれば損失が出る。貸倒引当金を引き当てても（間接償却）も利益が減少し、自己資本に算入されるべき利益剰余金を食うためにキャピタル・クランチ的な影響も与える。貸し手は不良債権化することを恐れて金利転嫁、さらに信用割り当てに走る危険もある。最悪の場合は新規の信用割り当てだけでなく既存の貸出金を回収（貸し剥がし）するために優良な企業を倒産させる危険もある。

・マクロ経済面から見ると、資金需要の低迷は貸出需要曲線を下方シフトさせて金利は低下する。金利低下と貸出低迷が同時に起きている場合は先述のように信用割り当ても疑われるが、需要低迷によるものもあるので、見極めを怠ると過度の規制に走るなどの危険もある。

［BOX4］預金保険について

　不良債権は処理の際に自己資本を費消し、銀行の体力を奪う。最終的に債務超過などに陥れば、経営破綻に陥る。

　また、ある銀行が不良債権等の理由で破綻すれば、別の不良債権などマイナス要因のある銀行に対する疑念が増し、取り付け騒ぎから連鎖倒産する可能性もある。

　その際に預金者を保護し、他の金融機関への取り付け騒ぎなどを防ぐように金融システムに寄与するのが預金保険のシステムである。

　各金融機関が保険料率に応じて保険金を積み上げ、金融機関の破綻の際に預金者に一定の基準で払い出される。

　我が国においては 2002 年 3 月まで定期性預金、2005 年 3 月まで普通預金の全額保護が続いたが、2005 年 4 月に原本 1000 万円とその利息を保護するペイオフが解禁となった。この時期は不良債権も多く、金融機関経営の阻害要因となっていたために段階的な実施となった。従って 96 年度から 2014 年度まで 0.084％ と高い預金保険料率となっていたが、2012 年度から 2014 年度まで一部返還されたことから 2015 年度以降預金保険料率は低下した。

　預金保険機構は破たん処理のみならず、資本増強や資本参加、健全金融機関からの資金買い取り、特定の回収困難債権の買い取り、不良債権の回収と責任追及など多様な業務を行っている。

　金融機能安定化法、早期健全化法、金融機能強化法といった資本増強の公的資金の返済の管理、発表もしている。

　2022 年 11 月末現在、金融機能安定化法により 1.81 兆円の資本増強がなされ 1.68 兆円が償還されている。早期健全化法により 8.60 兆円の資本増強がなされ、8.48 兆円が償還されている。未処理になっているのはともに同一行である。他に預金保険法に基づき 1.96 兆円の資本増強がなされ、全額償還

されており、資本増強全体では 12.38 兆円がなされ、0.25 兆円が未処理となっている。

資本参加では組織再編成促進特措法 0.06 兆円、金融機能強化法では 0.68 兆円が地域金融機関に対して行われ 0.41 兆円が処分された。全体では資本参加分 0.69 兆円の内、処分済みは 0.41 兆円で 0.28 兆円が未処理となっている。資本参加の分は未処分の場合は普通株に転換され、議決権が生じるために間接的に地域金融機関の再編を促している。

2010 年には日本振興銀行が経営破綻し、初のペイオフ発動例となった。海外では欧州危機の際にキプロスの銀行の預金者に負担を求めるかについて議論が活発に行われた。

なお、証券会社が破綻しても基本は分別管理されているが、金銭や有価証券が返還を受けられない場合には日本投資者保護基金が 1,000 万円まで補償する。

生命保険会社が破綻した場合には生命保険契約者保護機構が、損害保険会社が破綻した場合には損害保険契約者保護機構が一定の範囲で援助を行う。

(図表 23) 日本の預金保険料率の推移

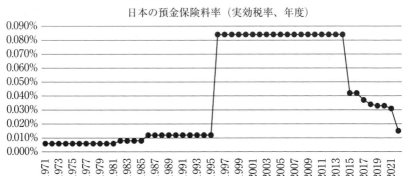

日本の預金保険料率（実効税率、年度）

（出所）預金保険機構
（注）98-01 特別保険料含む、12-14 は一部返還

　日本では 97 年から 2001 年にかけて 7 社もの生命保険会社が経営破たんとなり、資金援助などのためにこうした機構が必要となり、98 年に設立された。

第5章　機関投資家と金融

　預金取扱機関以外の金融機関もSNAには金融機関として分類されている。その代表的な存在である保険などは機関投資家と呼ばれている。SNA上は預金取扱機関の産出活動では利鞘を重視するのに対して、投資会社などでは手数料などが重視される。

第1節　機関投資家の種類

　機関投資家とは資金を集めてまとまった資金を専門家が運用する専門知識や経験を有するプロの投資家である。

　機関投資家には生命保険、損害保険、信託銀行、投資信託、年金基金、各種ファンドなどがある。

　日本では金融商品取引法により、ファンドの募集や有価証券等の運用に関わる業者の届け出が義務付けられており、適格機関投資家として登録され、業務を行う。

　生命保険は預金取扱機関以外では規模が大きく、代表的な機関投資家とされる。

　生命保険はある一定の予定利率で保険料を預かり、保険事故時には保険金を顧客に支払う、保険料は長期の運用を行い、予定利率以上の運用成果には配当を行う。契約が長期である点では損害保険と異なり、SNA上の産出の計測でも生命保険と非生命保険では異なる計測をしている。

　損害保険は保険料を預かり、保険事故時には保険金を顧客に支払う。商品性は生命保険よりも短く、運用も短期になる。

　保険にはリスクが高い人ほど加入するというモラルハザードの問題があり、「逆選択」の問題となっていた。近年では喫煙などリスク愛好的か回避的かで保険料がわかれるようになってきたが、日本ではまだ根強い平等主義があり、課題となっている。

　信託銀行は他人の財産を預かり、自己の勘定と分別して運用、比較的長期の運用を行う。運用先が貸付の場合は貸付信託、有価証券などの場合は金銭信託といった商品がある。こうした信託は資金循環表上は合同運用信託として出てくる。この部分は預金取扱機関の分類に入る。信託銀行は他の機関投資家からも財産を預かる（カストディ業務）面もある。

　投資信託は信託の一種でアジア株や公社債といったテーマを決めて資金を集め、投資を行い、信託報酬、手数料などを取り運用する。いつでも解約できるオープン型と解約に制約があるクローズド型がある。

　投資顧問会社とは投資に対して助言を行い報酬を得る会社である。

　こうした投資にはベンチマークを上回る収益の運用を目指すアクティブ投資とベンチマーク例えば S&P500 や TOPIX などに連動した運用を行うパッシブ投資がある。後者の方が市場分析などが容易で手数料が安いことから近年は多くの資金が集まり、機関投資家の市場でのプレゼンス拡大につながっている。なお、TOPIX のように長期に低迷する指数があるとパッシブ運用の機関投資家といえども、その投資に誘導したことでフィデューシャル・デューティーを問われかねず、先述のようなより洗練された指数の開発が望まれている。

　年金基金は掛け金を集め運用。長期の運用を行っている。

　また公的年金も機関投資家であるが、これについては次節で詳しく述べる。

　さらにヘッジファンドは一般の関心が強い機関投資家であるが、少人数で限られた人に資金を募る。私募である点で投資信託とは異なる。様々な対象

に資金を投資するファンドである。下げ相場などにも対応し、リスクヘッジにもなることからこの名がある。

代表的なヘッジファンドには次のようなものがある。

① グローバル・マクロ―世界中の商品、債券、株、通貨の有利なものに投資、ジョージ・ソロスなど初期の有名ヘッジファンドに多いタイプ

② ロング・ショート―買いと売りを組み合わせてリスクをヘッジ

③ イベント・ドリブン―合併、買収時などの株価のゆがみを利用

④ ディストレスト―危機に瀕した会社の資産を買い、高く売り抜ける

⑤ アービトラージ―金利差や価格差を利用

などの手法がある。

機関投資家は後述のスチュワードシップコードの行使などによってエンゲージメントと言われる対話などで投資先企業の企業価値の向上をはかるなど大きな役割を果たしている。またこれも後述の ESG 関連のファンドが企業に積極的に働きかける例も出てきており、他の主体に対する影響力を増している。

第 2 節 　 機関投資家の投資

機関投資家は一定のコストをかけて資金を集めた後に、その資金を運用する。

資金の運用成績（パフォーマンス）は資金調達コストを上回らなければ金融機関の運営は苦しくなる。そこでリスクとリターンを見ながら資産配分（アセット・アロケーション）がなされる。

資産配分に当たっては一般的にアセットクラスという大まかな資産区分を決め、アロケーターがアセットクラスに割り振る。

（図表 24）資金配分の概念図

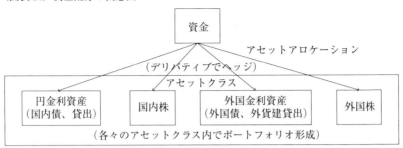

その後に該当部署が各資産内のポートフォリオを組む。ポートフォリオとは元々は鞄を表わす言葉で、資産の組み合わせを示す。例えば国内株であればどの株にどのような比率で割り振るか、外国債であればどの国の（どの通貨の）債券にどのような比率で割り振るかなどを決める。

各資産にアロケートした後に、先物やオプション、スワップといったデリバティブを用いてリスクをヘッジする（抑える）。例えば外国債の為替リスクを抑えるために先物で決まったレートで決済するなどのヘッジを行う。

年金積立金管理運用独立行政法人（GPIF）は 2006 年 4 月に現在の形となった公的年金を運用する我が国を代表する機関投資家である。SNA 上は社会保障基金という形で一般政府に属す。

GPIF の運用成果は国民福祉に直結するだけに安全を重視し、国内債券に偏った運用をしていた。

しかし、長引く低金利と老後の不足資金の増大の見通しから、2014 年には大幅に債券から内外株式にシフトした。

その後、2020 年には外国債券も増加し、国内債券、国内株式、外国債券、外国株式の各アセットクラスへの資金配分は基本的に差がなくなった。

（図表 25）GPIF の基本ポートフォリオ

以前

	国内債券	国内株式	外国債券	外国株式	短期資産
資産構成割合	0.6	0.12	0.11	0.12	0.05
乖離許容幅	± 8%	± 6%	± 5%	± 5%	－

2014 年 10 月以降

	国内債券	国内株式	外国債券	外国株式
資産構成割合	0.35	0.25	0.15	0.25
乖離許容幅	± 10%	± 9%	± 4%	± 8%

2020 年 4 月以降

	国内債券	国内株式	外国債券	外国株式
資産構成割合	0.25	0.25	0.25	0.25
各資産乖離許容幅	± 7%	± 6%	± 8%	± 7%
債券・株式 乖離許容幅	± 11%		± 11%	

（出所）年金積立金運用独立行政法人（GPIF）

第 3 節　機関投資家の ALM

　機関投資家は資金を預かり、運用するが、運用には失敗がつきものである中で、着実に預かり資産を返済する必要がある。そのため、資産（Asset）だけでなく、負債（Liability）も制御（Manage）する ALM（Asset Liability Management）が必要となり、発展してきた。

　生命保険においても 90 年代末に生保危機に見舞われたことや、ゼロ金利政策が始まったことから ALM の重要性が再認識された。生保危機の際に経営破たんした生保には負債特性とは異なる不動産投融資を増加させていた生保もあり、負債側を踏まえての運用が求められた。

　例えば 2% の予定利率で平均 10 年の負債を持つ生命保険が、2% の利率の

（図表26）ALM の概念図

保険・年金のマッチング型 ALM

資産 10 年国債	マッチング イミュナイズド 化	負債 保険期間 平均 10 年 保険料
		資本

10 年国債を多く保有すればリスクはほぼなくなる。これをイミュナイズド化（不胎化）という。このような ALM をマッチング型 ALM という。

ほぼ円金利の負債を持つ機関投資家が低金利の中で円金利資産を持っただけでは逆ザヤとなり、多くの外貨建て債券などを持つ過程で資産と負債の特性がかなり異なるミスマッチが起きた。このために ALM の高度化が必要となった。

かつては負債を踏まえて資産の目標リターンを決め、資産を運用する資産管理型の ALM が主流だったが、負債特性（円金利中心）との乖離が大きくなり、うまくいかなかった。マッチング型は例えば負債が 20 年の場合、20 年国債の数量などが不足し、必ずしも行えなかった。そこで資産─負債の時価の余剰（サープラス）をコントロールするサープラス型 ALM（バランスシート型 ALM）が年金基金や生命保険など長期の機関投資家で採用されるようになった。この ALM の高度化により、高度な ALM を導入したところでは負債とのミスマッチの多い株式の保有が抑制され、リーマン・ショックを以降の世界金融危機での損失はかつての生保危機のように広がらなかった。

逆にその際に損失を被った AIG でもリスク管理は進んでいたはずだが、デリバティブで証券化商品のリスクを取り過ぎたことが原因とされる。

ちょうどこの時期に行われた簡易保険の民営化の際には ALM を重視サープラス型 ALM を採用する旨を表明している。

生命保険などの ALM を補完するのが会計制度である。サープラス型 ALM やマッチング型では負債側の責任準備金の額に対応したり、負債側の

デュレーションに対応して満期保有で持つことが多いが、これを時価評価してしまうと、金利の急上昇などが起きた場合の局面によっては保有しにくくなる。これは国債でファイナンスする国にとってもマイナスとなるために「満期保有目的債券」、「責任準備金対応債券」といった区分が認められ、時価評価される「売買目的有価証券」とは別の区分になっている。

　「満期保有目的債券」や「責任準備金対応債券」は償却原価法により徐々に簿価を額面に近づけていく。もっとも、極端な評価損が生じた際には減損処理が必要となる。

　こうした特例が認められているために責任準備金対応債券に区分するためには厳格なデュレーションマッチングが求められ、市場構造が影響する。

　ヘッジファンドなどでは ALM が十分でないところもあり、また、銀行、保険や証券と異なり、セイフティーネットも整備されていない。機関投資家全体にさらなる ALM の強化が必要となっている。最近では各国中銀の量的緩和で国債を中銀が買ってしまい機関投資家が国債を十分に買えない例も出ている。さらにマイナス金利で国債を買えないことによるリスク・テイクも問題になっている。

第6章　コーポレートガバナンスについて

第1節　会社は誰のものか？

　これまで企業金融について学んできた。しかし、会社は誰のものなのだろうか。ステークホルダー（利害関係者）は経営者、従業員、株主、銀行、社債購入者、取引先、消費者と大勢いる。現在の日本では従来型のメインバンク制が崩れ、外人株主増などの中で、株主の発言力が増してきている。他方、ファンドなど株主の暴走も目立っている。配当政策はフリーキャッシュフローの使い方を決める重要なペイアウト政策であるが、バブル崩壊を経て企業が積み立てた内部留保を配当などで過度に流出させたり、過剰なレバレッジを要求しROAを上げるなどの動きが目立ち、弊害について反省も多い。このことから株主だけでなく、他のステークホルダーへ十分な注意を払うような動きも多く出てきている。

　所有と経営が分離される中で株主（プリンシパル）の利益を代理人（エージェント）が損なうエージェンシー問題が度々起きたこともコーポレートガバナンス（企業統治）への関心が増した背景であった。

　他方、株主第一主義に対する反省の声も起き、先述のようにステークホルダー全体を重視する動きも強くなってきた。2020年の世界経済フォーラム年次総会（ダボス会議）では顧客のための価値創出、従業員の教育のための投資、サプライヤーとの公正な取引、地域社会への配慮、株主のための長期的価値の尊重などあらゆるステークホルダーに気を配ることの重要性が議論された。SDGsなどの観点からのサステナビリィティガバナンスの重要性も

増してきている。

第2節　コーポレートガバナンスの歴史

　日本ではメインバンクが決済口座や派遣役職員を通じて企業のモニタリングをしてきた。

　株式の持ち合いでも補完され、他の主体が株主になることで経営に関与することを防いできた。メインバンクの行動は救済活動を行わず評判が悪くなれば制約されるために規定されていた。メインバンク自体のガバナンスは行政当局、具体的には大蔵省銀行局（現金融庁）が担っていた。

　自己資本比率が低い企業は低格付けの企業が多く、モニタリング機能が優れた銀行貸出を受け、銀行のガバナンスが効くケースが多い。

　自己資本比率が高い企業は自分の資金を投入しているのでモラルハザードの危険少なく、高格付けが得られる企業が多い。こういう企業は社債を発行出来、投資家によるガバナンスが効くケースが多い。

　しかし、アジアではクローニーキャピタリズムと言われるように同質の者たちが経営に携わるケースが多い。特に血縁の濃い者が経営を継承うる同族会社はその最たるものである。

　同族会社などでは外部からのガバナンスを嫌い、無借金経営などで自己資本比率が高いケースもある。このような場合には資金調達と供給を通じての外部からのガバナンスは効きにくい。そのような中で必ずしも適任でない経営者の不祥事などで批判が起きることもあった。

　逆に所有と経営が不可分なことで、エージェンシー問題が起きず、エージェンシーコストが安いことを評価する意見もあった。

第3節　コーポレートガバナンスの状況

　バブル崩壊後の金融市場の混乱などから日本企業は内部留保を積み上げたが、国際比較の中でROAの低さや配当性向の低さが問題となり、配当や設備投資などを行う圧力が株主から強まった。株式を保有し、積極的に経営に口を出す株主をアクティビストと言い、日本でもアクティビストファンドの影響力が増した。

　また社債での調達も増加したが、銀行借入と違い途中での債権者との話し合いはしにくい。2006年5月施行の会社法で合併の対価として存続会社の株式を当てることが出来るようになるなどM&A（企業買収）が容易になったことから、M&A防止策のポイズン・ピル（新株予約権を廉価で行使可能にすることで買収側の株を希薄化する防止策）なども容易になり、企業価値を守るための議決権行使がより注目された。

　テレビ会社、IT企業などを舞台に買収合戦となり、買収防衛のために出資をしてくれるホワイト・ナイト、多額の退職金を経営者に渡して退かせるゴールデン・パラシュートなどの言葉が一般化した。

　MBOは自社の経営陣や資金の拠出者が株主から株式を譲り受けて上場を廃止し、外部からの経営への関与を断つようなことを言う。通常は銀行やファンドが資金の拠出者として関与する。資金の拠出者は経営陣を指導し、再上場後の売却などで利益を得る。

　社債の保有者、株主が事後的な対処になるのに対して、メイン寄せなどの中で事前的に決済動向などモニターできるメインバンクの役割が再び増している。

　日本では事故、損失隠し、経営者の不祥事で株主責任についてより厳しく問われるようになってきている。機関投資家の株主責任などを規定した

2014 年 2 月にはスチュワードシップ・コードが先行する英国などを参考に制定されて定着してきた。

同コードは 1）明確な方針、2）利益相反、3）投資先企業の状況の適格な把握、4）投資先企業との建設的な目的を持った対話、5）議決権の行使と行使結果の公表についての方針、6）スチュワードシップ責任をどのように果たしたかの公表、7）投資先企業の持続的成長に資する実力を備える—などの原則を備えている。

2015 年 6 月にはコーポレートガバナンス・コードが導入され、上場企業の従うべき指針も示された。同コードは次の 5 つの基本原則からなる。

1）株主の権利・平等性の確保

2）株主以外のステークホルダーとの適切な協働

3）適切な情報開示と透明性の確保

4）取締役会等の責務

5）株主との対話

である。

両コードに関する一連の改革では金融庁が主導し、フォローアップ、改定も 3 年毎に複数回行われた。その結果、スチュワードシップ・コードにより株主総会における個別の議決権行使が開示されるようになった。コーポレートガバナンス・コードも強化され、取締役会における独立社外取締役の占率の向上や投資家と企業の目的のある対話（エンゲージメント）の促進がはかられるなど強化された。さらにサステナビリティへの取り組みの開示も強化された。パッシブ投資を行う投資機関は投資対象が多く、こうしたコードを達成するための人員の拡大などを余儀なくされている。他方、対話などの負担が増えるにつれて、それらを行わず、コストを負担しない小口投資家のフリーライダー問題も注視されつつある。

コーポレートガバナンス・コードは 2021 年に 2 回目の改定を迎えたが、

2022年の東証再編とリンクもしている。プライム市場に上場する企業は取締役会の3分の1以上は独立社外取締役を選任すべきとされた。また取締役会の構成メンバーの性別、職歴、年齢の多様化や英文での開示を求めた。

　流通株式時価総額100億円、流通株式比率35％と定められたことで、同族企業のオーナーが株式売却を迫られる面もあり、より多様な経営層につながると期待されている。

　さらにサステナビリティガバナンスの観点から気候変動への対応強化を求めている。

第4節　社会的責任投資（SRI）とESG投資

　企業の社会的責任（Corporate Social Responsibility）が問われる中で、ただ投資するだけではなく、社会的に役に立つ対象や企業に投資しようという社会的責任投資（Social Responsible Investment）が登場した。CSRを積極的に取り組む企業に重点的に投資する動きでもある。

　川北（2008）によればCSRが望ましい理由として

　①長期的なコスト削減（例　CO_2排出コストの削減等）

　②リスクの軽減（例　訴訟や製品の不買運動リスクの回避）

　③企業ブランドイメージ（例　誠実かつ先進的との企業イメージ確立）

　④事業革新（例　社会的ニーズの先取りとその製品化）

　⑤人材の確保（例　従業員の満足度の向上）

　⑥投資の信頼感（例　公表資料の信頼性向上、株価上昇等）

　を挙げている。

　SRIファンドへの投資によって投資により個人が企業行動を変えようという動きも活発化した。SRIの事例は次のようなものがある。

　例1）女性を大切にする会社の株式への投資

例 2) 環境にやさしい会社の株式への投資

　目的に合う企業を投資対象として選ぼうとすることをポジティブ・スクリーニング、人種差別的な企業などある観点で投資から外すことをネガティブ・スクリーニングという。

　日本では 1999 年 8 月に日興アセットマネジメントが環境問題にやさしい企業に投資をする「エコファンド」を設立したのが最初の例である。2011 年の震災後には震災で被災した企業の復興に出資する SRI ファンドも出現した。日本の SRI は世界の 0.1% 以下となっていた。

　日本においては社会的責任投資（SRI）が低迷、そこへコーポレートガバナンス・コード、スチュワードシップ・コードの策定に続いて 2015 年 9 月に GPIF の PRI（責任投資原則 :Principal for Responsible Investment）受け入れなどなどから E（環境、Environment）S（社会、Social）G（統治、Governance）投資への意識が高まる

　ESG 投資がより一般化して定着すれば個人の意思が CSR をより意識した企業行動が行われ、企業のブランドイメージに良い影響を与え、CSR を行う企業に優秀な人材が集まる。コンプライスも強化されることからコーポレートガバナンスが強化され、投資家の信頼が集まることにより投資パフォーマンスも良くなることが期待される。グリーンボンドなど対象商品も出てきている。

　他方、環境にやさしいことを装うグリーンウオッシュなどもあり、より市場を整備する必要がある。

第7章　政府と金融

　これまで主として経済主体としての家計、企業、その相互関係と金融について見てきたが、経済主体として政府も大きな影響を金融に与えている。一般に政府とは①中央政府、②地方政府、③社会保障基金、④公的企業などからなる。SNA の一般政府は①中央政府、②地方政府、③社会保障基金であり、公的金融などは SNA 上金融機関に入っている。日本の場合、財政支出に関わる金融、年金に関わる金融、財政投融資などが金融で大きな役割を占めている。

　日本の政府の支出は GDP にも大きな影響を与える。そのためにバブル崩壊後の 90 年代に数回にわたる巨額の財政支出を伴う経済対策が打たれ、財政赤字が大きく膨らんだ。そのため 2000 年代は巨額の財政赤字の中で財政再建の中で公債発行による財政支出も抑えられていた。しかし、危機時には公債発行を伴う財政支出がなされ、GDP を押し上げている。

第1節　財政と金融

（1）政府の役割

　政府は①経済の安定化、②所得再分配、③公共財の供給などを行う。そのために財政支出を行う。財政支出は基本的に税収で賄われる（地方の場合は国からの交付なども含む）が、収入が不足する場合は公債を発行して賄う。公債は基本的にはインフラ整備に用いる。

　公債を持った人が財産が増えたと思い支出を増加することを「公債の富効果」という。

（図表27）日本の実質成長率と寄与度内訳（暦年）

	GDP 成長率	民間消費支出	民間住宅投資	民間設備投資	民間在庫投資	公的需要	外需
2001	0.39	1.14	-0.18	0.04	0.11	0.07	-0.87
2002	0.04	0.73	-0.13	-0.90	-0.42	-0.05	0.69
2003	1.54	0.36	-0.02	0.33	0.35	-0.22	0.60
2004	2.19	0.75	0.15	0.53	0.41	-0.44	0.54
2005	1.80	0.86	-0.01	1.26	-0.22	-0.38	0.08
2006	1.37	0.52	0.02	0.35	-0.12	-0.25	0.72
2007	1.48	0.42	-0.48	0.14	0.34	-0.02	0.96
2008	-1.22	-0.63	-0.28	-0.48	0.23	-0.28	0.14
2009	-5.69	-0.51	-0.75	-2.10	-1.54	0.68	-1.41
2010	4.10	1.35	-0.05	-0.147	1.00	0.24	1.74
2011	0.02	-0.30	0.24	0.57	0.18	0.12	-0.89
2012	1.37	1.15	0.09	0.46	0.04	0.44	-0.85
2013	2.01	1.49	0.31	0.40	-0.36	0.56	-0.40
2014	0.30	-0.52	-0.12	0.59	0.06	0.28	0.10
2015	1.56	-0.12	-0.02	0.79	0.27	0.15	0.47
2016	0.75	-0.24	0.15	0.02	-0.08	0.41	0.49
2017	1.68	0.58	0.02	0.38	0.10	0.06	0.58
2018	0.58	0.13	-0.25	0.31	0.16	0.23	0.01
2019	-0.24	-0.30	0.15	0.02	-0.11	0.45	-0.46
2020	-4.50	-2.86	-0.29	-1.07	-0.15	0.66	-0.87
2021	1.62	0.72	-0.07	-0.11	-0.15	0.25	1.08

（出所）内閣府「国民経済計算年報」

　→これに対してバローは公債の発行による財政支出は将来の増税を予想させるので効果が減殺されるとした。

　一般に危機の後は税収が足りない中で需要不足を補うために公債を発行して公的需要を増加させる。日本でも2008年のリーマン・ショックの後の2009年や2011年の東日本大震災の後の2012年、2013年には公的需要の寄与度は極めて高いものとなった。

（2）公債の種類

　建設国債は道路や橋などの社会インフラを作るための資金を調達するために発行する国債である。

　赤字国債は経常的支出（人件費等）をまかなうために発行する国債、財政法4条※と矛盾する点が指摘されている。

　※（財政法4条）国の歳出は、公債又は借入金以外の歳入を以て、その財源としなければならない。但し、公共事業費、出資金及び貸付金の財源については、国会の議決を経た金額の範囲内で、公債を発行し又は借入金をなすことができる。

　その結果、第1章「金融市場と主要なプレーヤー」で学んだように2022年末で短期金融市場において国庫短期証券146.2兆円、長期金融市場において国債市場（現存額1106.1兆円）、地方債（64.4兆円）、政府保証債（20.5兆円）の規模の政府債市場が生じている。

　国債は公募入札や直接引き受けなどで発行されている。かつてはシンジケード団引き受けという方式が利用されてきたが、外国投資家との公平性の観点などから2006年に廃止されている。

　地方債は引き受け方式から競争入札中心となったが、地方銀行が多くを保有している。

　我が国における歳出の6割は地方が占めており、中央政府から地方交付税交付金などで資金移転されるが、地方債の果たす役割は大きい。

第2節　財政投融資

（1）財政投融資とは

　財政投融資とは政府の行う社会資本整備、中小企業対策、産業・研究開発、中小企業対策に有償で資金を投じる制度である。財政投融資関係の各企業は

SNA 上は公的企業であり、一般政府には入らない。

　かつては郵便貯金と厚生年金、国民年金の資金が資金運用部に預託され、簡易保険の資金は簡易保険基金に入り、それに政府保証債や産業投資特別会計の資金が加わり、財投機関の政府系金融機関や公団、特殊会社、特別会計や地方公共団体に流れるといった仕組みが存在した。政府系金融機関の監督省庁は各々異なっていた。

　有償で資金を集めるために入口が肥大化すれば、出口も肥大化し、監督体制も異なる非効率な過程に資金が流れていった。

　こうしたプロセスには民主主義プロセスの中で政府部門の肥大化や非効率を生む過程を分析した公共選択論の立場等から多くの分析、その研究成果も踏まえ、入口である郵便貯金、簡易保険や各種資金調達手段、出口である財政投融資諸機関の計画へとつながった。

（2）入口の改革

　郵便局は全国に展開し、特に自営業的な店舗を供給してもらう特定郵便局は政治的に大きな力を持ち、与党の大きな支持基盤となり、世襲批判もあった。2005 年の所謂「郵政選挙」で自由民主党が郵政民営化を明確に打ち出すと自由民主党と疎遠になり、政治的な影響力がより意識されるようになった。鷲見（2022）は全国郵便局長会の組織内候補の得票数が 2013 年参議院選挙で 42.9 万票、2019 年参議院選挙で 60.0 万票にも及ぶことを示した。

　かつては政治力も背景にしての政府保証、預入限度額の拡大、郵貯独自のマル優枠などから資金が集まった。

　加藤・山同（1984）は郵便貯金の肥大化をいち早く批判し、その仕組みの維持可能性について論じた。

　相次ぐ預入限度額の拡大もあって 90 年代初頭には「郵貯シフト」が問題となり、1995 年に残高は 200 兆円を超えた。膨らんだ資金は資金運用部経

由で出口機関に不必要に流れ、生産性や収益性に乏しい「ゾンビ企業」の延命にもつながった。米国の巨大 IT 企業がベンチャー企業であった時期に国内ではリスクマネーの供給が十分にされず、非効率な資金の流れにつながり、改革の必要性が広く認識されていった。

　この時期、民間の預貯金が伸びず、当時の最も重視されていたマネー統計の M2＋CD が伸び悩み、マネー・サプライ論争が起きた。郵貯シフトはその一因ともされた。

　川又（2012）は郵便貯金の主力商品である定額貯金の商品性が市場金利を反映しにくい状況であったことを指摘している。

　90 年代後半にも民間金融機関の経営破綻が相次ぐ中で政府保証がある郵便貯金は有利な立場にあり、従来通りの制度が継続した。

　2001 年より郵便貯金、簡易保険の資金の資金運用部への預託義務はなくなり、原則、市場での自主運用となったために、この流れが崩れた。2005 年に郵政民営化関連法案が成立、2007 年に再編されて持ち株会社の日本郵政下でゆうちょ銀行、かんぽ生命、日本郵便が誕生した。

　2009 年に民主党、社会民主党、国民新党による政権が成立し、スケジュールは変化したが、その株の一部が 2015 年より親会社の日本郵政とともに市場で売り出された。ゆうちょ銀行の預貯金におけるシェアは低下傾向であり、ビジネスモデルの確立が課題となっている。

　簡易保険は終身保険、定期保険、養老保険、学資保険等各種預金を販売し、その資金を運用しており、余裕金が生じれば年度内は資金運用部で運用し、決算後簡易保険の基金に入り国債、地方債などの有価証券、国や地方、簡易保険福祉事業団等への貸付などで運用される。

　こうした保守的な運用がバブル崩壊時には一部の民間保険に対する優位性にもなった。郵貯シフトの時期に簡易保険も伸び、92 年、93 年の新規契約数は 1000 万件を超えるまでになった。

その後、先述のように郵貯民営化法が通り、2007年10月に日本郵政の下でかんぽ生命となっている。

日本郵政は同法でその傘下のゆうちょ銀行とかんぽ生命の株式を2017年9月までに売却するとされていたが、金融事業として事実上のユニバーサルサービスが出来ることで、郵便事業を支えることもあり、売却は進まなかった。改正された郵貯民営化法ではできるだけ早くとされ、かんぽ生命は自社株買いなどを行い、当初の構想とは異なる様相となっている。

（3）出口の改革

郵便貯金から資金運用部の資金の流れがなくなり、現在では財政投融資各機関では財投機関債、政府保証債、財投債といった金融市場からの調達が調達の主力となった。財投機関債と政府保証債の残高は第1章で見たとおりである。財投債は個別では調達できない財投機関の調達分をまとめて発行するもので、国債と変わらないものだが、財政投融資特別会計がSNA上の公企業の金融機関に入るために一般政府の負債の統計には入っていない。日本政策投資銀行などでは民間借り入れも行った。各々の機関は次のようになっている。なお各公的金融はSNA上は金融機関に入る。

政府系金融機関は改革前には10の金融機関があったが、統合、廃止、分離、統合延期などを経て、執筆現在には5つの金融機関に集約されてきている。

日本政策投資銀行は1999年に旧日本開発銀行、北海道東北開発公庫の業務を承継し、2008年に民営化され株式会社化し、2015年の完全民営化を目指していた。大企業や第3セクターへの融資、事業再生への融資などを行った。金融危機対応と震災により、民営化が見直され、2011年度末の検討時期も延期し、当面は政府の株式保有が続くことになった。メザニン投資というミドルリスク、ミドルリターンの分野にも乗り出し、そのために世界金融

（図表 28）政府系金融機関の変遷

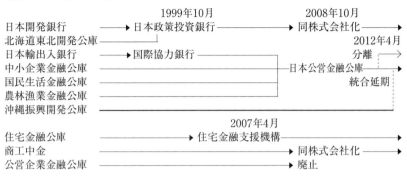

危機の際に痛手を被ることもあったが、資金調達でも民間からの借入での調達など積極的な展開をしている。事業承継、事業再生、ベンチャー育成、海外インフラ等様々なリスクマネーの供給サイドとしてビジネスモデルを模索している。

　日本政策金融公庫は 2008 年に発足し、国民生活金融公庫、農林漁業金融公庫、中小企業金融公庫、国際協力銀行（JBIC）の業務を継承、中小企業事業融資、農業水産事業融資、国民生活事業融資、海外融資などを行った。ただし、JBIC の名称は海外でも高名でもあり、分離した方が有効な点もあったために、2012 年に国際協力銀行は再分離となった。その後、政府が全株式を保有し、株式会社として再スタートした。再スタート後は資源関係、日本の産業の国際競争力維持に加えて環境問題や国際金融秩序維持の業務分野で活動している。今後、地域開発銀行や国富ファンド（SWF）的な業務にどう関わっていくかも将来のあり方に影響しよう。

　沖縄振興開発金融公庫は 2022 年以降に日本政策金融公庫に合流予定であった。しかし、本土復帰後に振興に果たしてきた役割が大きいこと、各種

公的金融の役割を現地で果たしてきたこと、都市銀行が進出しない中での
シェアの大きさなどは大きいこと—が考慮された。2022年の復帰50周年に
あたり、統合が再度10年延期されることが発表され、独立した組織として
存在している。

　商工組合中央金庫も2008年に民営化、株式会社化となり、日本政策投資
銀行と同様に2015年の完全民営化を目指したが、日本政策投資銀行と同じ
く、その後の役割拡大で完全民営化の検討時期が延期され、政府の株保有が
継続する。特に東日本大震災後に危機対応融資が広く行われたが、それを巡
る不正で2017年に金融庁、財務省、経済産業省の行政処分を受けた。その
後、経済産業省中小企業庁の研究会の「商工中金の危機対応業務に関する評
価委員会」で商工中金のあり方について議論され、報告書が2022年8月に
提出され、ビジネスモデルが確立されたとした。「新たなビジネスモデルを
踏まえた商工中金の在り方検討会」は2023年1月に段階的ではなく一度に
株式を売却する形での完全民営化、危機対応業務の継続を求めた。

　住宅金融支援機構は旧住宅金融公庫であり、かつては直接住宅ローンを貸
し出していた。住宅金融については人口動態や規制緩和などの影響からどこ
の国でも運営が難しいが、米国では住宅金融の中で大きな割合を占めていた
貯蓄貸付組合（S&L）が行き詰まり、90年代初頭には大規模な整理に至っ
た。フレディマック、ファニーメイ、ジニーメイといった住宅金融公社も
2000年代初頭には不正会計問題など様々な問題が顕在化した。ただ、この
米住宅金融公社の機能が後に住宅金融公庫から住宅金融支援機構への変化に
大きな影響を与えた。
　日本の住宅金融はかつて住宅金融公庫を中心に、各種金融機関が取り組
み、過当競争となっていた。住宅金融市場も商品設計、金利が厳しく規制さ

れ、信用力のある住宅金融公庫は高いシェアを占めていた。

　バブル崩壊後の 1994 年に商品設計の自由化が進展したものの銀行や生命保険、農林系を母体とするノンバンクの住宅金融専門会社の経営が揺らぎ、1995 年には不良債権処理に公的資金を用いるかを巡りその処理が問題となった。結局、母体行の負担の他に 6,850 億円の公的資金を投入することになり、1996 年に国会で議論した際には紛糾したが最終的には可決された。これを期に住宅ローン市場全体のあり方が問題となり、圧倒的なシェアを持つ住宅金融公庫のあり方や、住宅ローンの証券化の動きが出てきた。2001年末には住宅金融公庫の廃止と独立行政法人化が決定された。この時点でも同公庫の住宅ローン市場に占めるシェアは 3 割を超えていた。

　結局、住宅金融公庫は 2007 年に独立行政法人の住宅金融支援機構となり、民間金入機関の長期固定金利の住宅ローンを証券化するなどの住宅金融支援を行うことになった。当時の閣議決定や事前の国交省の諮問委員会の「住宅金融のあり方を係る検討会」などを見る限り、米住宅金融公社の影響もあった。この時点では住宅ローンを貸し出したノンバンクの破綻や証券化商品の流動性低下が大きな影響を与えた 2008 年 9 月のリーマン・ショックの前であり、RMBS やその再証券化商品などへの否定的な意見が一般化される前であったことも大きい。

　コロナ禍においては日本政策金融公庫、商工中金が大きな役割を果たし、民間に先駆けて実質無利子・無担保の融資（ゼロゼロ融資）を行ったり、資本性劣後ローンを貸し出したりした。

　ゼロゼロ融資に関しては国や地方が利子分を負担し、信用保証協会が保証を行うが、実際に信用保証協会を利用する事態になった場合に日本政策金融公庫がまず補填を行うなど公庫が政策の中心に位置した。

（図表 29）財政投融資計画の推移（兆円）

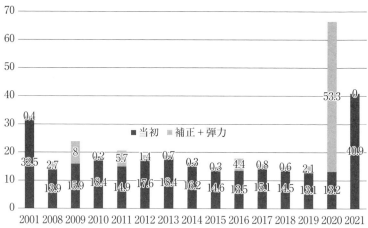

上記のように述べてきた政府系金融機関はリレーションシップを民間と結べない銀行の役に立つ、あるいは民間銀行の融資を誘発する役割、いわゆるカウベル効果（呼び水効果）をもたらすという研究がある。

　政府系金融機関はあくまでも民間の補完として存在しているが、財政投融資制度の改革後も 2008 年以降の世界金融危機、2011 年の東日本大震災、2016 年の熊本地震、2020 年以降のコロナ禍対応の一連の危機対応措置があったことから足もとでは財政投融資機関の資金規模が膨張している。そのため忘れられがちであるが、民営化については不断の検討が必要である。さらに、各公的金融機関は民営化検討の議論の過程で大幅なビジネスモデルの変革も迫られており、欧米の先駆者と見られた機関も順調な経営環境を享受することは出来なかった。元々の存在意義も問い直す必要がある。

第8章　海外部門と金融

　海外部門は国内部門と表裏一体であるが、先にみたように海外部門は資金不足であり、日本国内の資金が海外に向かい、海外の資金不足を埋めている。それと同時にそこからの利子・配当が日本の各経済主体にとり貴重な資金をもたらしている。

第1節　国際収支と為替

　日本は 1964 年に IMF8 条国に移行し、経常取引の支払いに関する制限を緩和し、他国が保有する円の交換性を維持することとなった。1984 年には為替予約の実需原則が撤廃され為替取引の自由化が進んだ。

　国際収支統計は長く IMF の国際収支マニュアル第 5 版に沿って出されていたが、2008SNA に対応して IMF の国際収支マニュアル第 6 版に従って出されるようになった。

　これによって国際収支に先述の FISIM が考慮される（第 1 次所得収支から控除し、サービス収支に計上など）ようになった他、経常収支の内訳も第 5 版の「貿易収支」、「サービス収支」、「所得収支」、「経常移転収支」から第 6 版の「貿易収支」、「サービス収支」、「第 1 次所得収支」「第 2 次所得収支」となった。

　また、資本収支と別枠となっていた外貨準備が金融収支の中に入るなどの変更があった。逆に資本収支の内枠のその他資本収支が資本移転等収支として別枠になるなどの変更があった。

　内閣府経済社会総合研究所によれば、貿易収支、サービス収支の多くが

SNA の財貨・サービスの輸出入に反映される他、サービス収支の一部と第一次所得収支の一部が SNA の雇用者所得に反映される。第一次所得収支の太宗とサービス収支の著作権等使用料は SNA の財産所得に計上される。さらにサービス収支の建設部分と第二次所得収支は SNA のその他の経常移転に、資本移転等収支は資本移転等に計上される。

　日本の経常収支は長く貿易収支の黒字を背景にした黒字を計上していたが、2010 年代になると国外生産シフトや東日本大震災後のエネルギー輸入増加で貿易収支は減少した。しかし、外国人観光客の増加でサービス収支の赤字が減少し、外貨準備などの米国債への投資による利子収入など第 1 次所得収支が日本の経常収支黒字を支えた。

　経常収支の黒字は得た資金を円に転換するために円高要因となる。内容は所得収支黒字に変わりつつあるが、経常収支黒字が膨らんだ後に円高になっている。

　マクロ経済学的な視点では経常収支黒字は国内貯蓄超過の裏返しでもあ

（図表30）日本の国際収支（暦年、兆円）

日本の国際収支（IMF6）　　　　　　　　　　　　　　　　　　　　　　　（兆円）

				2010	2011	2012	2013	2014	2015	2016	2017	2018	2019	2020	2021
経常収支				19.4	10.4	4.8	4.5	3.9	16.5	21.4	22.8	19.5	19.3	16.0	21.5
	貿易サービス収支			6.9	-3.1	-8.1	-12.3	-13.5	-2.8	4.4	4.2	0.1	-0.9	-0.9	-2.6
		貿易収支		9.5	-0.3	-4.3	-8.8	-10.5	-0.9	5.5	4.9	1.1	0.2	2.8	1.8
			輸出	64.4	63.0	62.0	67.8	74.1	75.3	69.1	77.3	81.2	75.8	67.3	82.4
			輸入	54.9	63.3	66.2	76.6	84.5	76.2	63.6	72.3	80.1	75.6	64.5	80.6
		サービス収支		-2.7	-2.8	-3.8	-3.5	-3.0	-1.9	-1.1	-0.7	-1.0	-1.1	-3.7	-4.2
	第1次所得収支			13.6	14.6	14.0	17.7	19.4	21.3	19.1	20.7	21.4	21.6	19.4	26.4
	第2次所得収支			-1.1	-1.1	-1.1	-1.0	-2.0	-2.0	-2.1	-2.1	-2.0	-1.4	-2.6	-2.3
資本移転等収支				-0.4	0.0	-0.1	-0.7	-0.2	-0.3	-0.7	-0.3	-0.2	-0.4	-0.2	-0.4
金融収支				21.7	12.6	4.2	-0.4	6.3	21.9	28.6	18.8	20.1	24.9	14.1	16.8
	直接投資			6.3	9.3	9.4	14.2	12.6	16.1	14.9	17.4	14.9	23.9	9.4	19.2
	証券投資			12.7	-13.5	2.4	-26.6	-4.8	16.0	29.6	-5.7	10.1	9.4	4.4	-21.9
	金融派生商品			-1.0	-1.3	0.6	5.6	3.8	2.1	-1.7	3.5	0.1	0.4	0.8	2.2
	その他投資			0.0	4.4	-5.1	2.5	-6.1	-13.1	-13.7	0.9	-7.6	-11.5	-1.7	10.5
	外貨準備			3.8	13.8	-3.1	3.9	0.9	0.6	-0.6	2.7	2.7	2.8	1.2	6.9
誤差脱漏				2.8	2.2	-0.5	-4.1	2.6	5.6	8.0	-3.7	0.8	6.0	-1.7	-4.3

（出所）財務省「国際収支統計」

（注）資本収支及び外貨準備高増減のマイナス（-）は資本の流出（資産の増加、負債の減少）を示す。

（図表31）円ドルレートと経常収支（暦年）

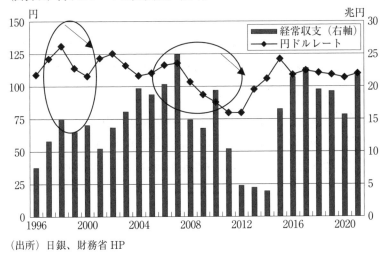

（出所）日銀、財務省HP

る。

　恒等式では

　民間貯蓄超過＋財政黒字≡経常収支黒字

となり、国内貯蓄超過が事後的には経常収支黒字に等しい。高齢化による貯
蓄率低下となる中で、経常収支黒字はなくなるという見方もある。

　逆の場合は

　民間投資超過＋財政赤字≡経常収支赤字

となり、国内投資超過が事後的には経常収支赤字に等しい

第2節　国際収支と金融

（1）経常収支の内訳

　国際収支統計に表れる様々な数値が日本の金融に大きな影響を与える。先
述のようにIMFのマニュアル第6版の基準では経常収支は貿易収支、サー

ビス収支、第一次所得収支（旧所得収支）、第二次所得収支（旧移転収支）からなる。

　日本の貿易、サービスの収支は既に黒字がなくなり、震災後赤字基調で第二次所得収支はODAなどの援助、国際機関への拠出から赤字、第一次所得収支の黒字で経常収支の黒字がなりたっている。

　第一次所得収支の受け取りは直接投資の配当、利子などの受け取りと証券投資の配当、利子の受け取りなどからなり、多くが証券投資からなる。その背景には日本の個人を中心とする貯蓄超過があり、その貯蓄が機関投資家や金融機関を通じて海外に向かっている。

（2）直接投資

　日本の対外直接投資は米国、英国への貿易摩擦回避的な投資や金融関係の投資、欧州で税制上のメリットのあるオランダ経由の投資、アジアの

（図表32）日本の地域別直接投資残高（兆円）

	2014	2015	2016	2017	2018	2019	2020	2021
合計	142.0	151.9	158.9	175.1	181.9	204.2	204.6	228.8
アジア	41.4	43.3	43.1	48.4	51.4	56.1	57.1	64.7
インド	1.6	1.7	2.1	2.5	2.7	3.1	3.1	3.6
北米	47.8	52.4	54.9	57.1	57.2	60.7	66.1	78.7
カナダ	2.0	2.0	1.9	1.9	1.9	2.3	2.4	2.6
ケイマン諸島	1.5	1.9	3.7	4.0	5.2	5.1	4.5	2.1
ニュージーランド	0.4	0.4	0.4	0.4	0.4	0.4	0.4	0.5
欧州	33.8	36.7	39.7	47.4	50.2	63.0	56.7	61.5
内ドイツ	2.3	2.6	2.5	3.0	3.2	4.4	4.8	5.6
英国	9.3	10.7	14.5	17.4	18.1	19.0	18.5	21.3
フランス	1.7	1.6	1.6	1.8	1.8	1.9	1.7	1.9
オランダ	11.6	12.8	12.3	14.7	14.9	14.9	16.1	15.7
中東	0.7	0.9	0.8	1.0	1.0	1.0	0.9	0.7
アフリカ	1.2	1.1	1.2	0.9	1.0	0.7	0.5	0.7
ASEAN	19.2	20.1	19.6	23.1	25.4	28.7	28.7	32.5
EU	32.0	35.0	38.0	45.3	47.7	55.8	30.2	32.8
東欧・ロシア等	0.6	0.6	0.6	0.7	0.7	0.8	1.0	1.1

（出所）日本銀行

（図表 33）日本への地域別直接投資残高（兆円）

系列名称	2014	2015	2016	2017	2018	2019	2020	2021
合計	23.7	24.8	28.2	28.9	30.7	34.3	40.2	40.5
アジア	3.7	4.3	5.2	5.3	5.8	7.7	9.0	9.7
内中華人民共和国	0.1	0.2	0.2	0.3	0.4	0.6	0.7	0.9
北米	7.1	7.0	7.3	6.9	6.6	8.2	9.6	9.5
内アメリカ合衆国	6.9	6.8	7.1	6.7	6.4	8.0	9.4	9.2
中南米	1.4	1.5	1.6	1.8	2.1	2.2	1.8	2.2
大洋州	0.4	0.3	0.4	0.4	0.6	0.8	0.7	1.1
欧州	11.1	11.6	13.7	14.4	15.4	15.2	19.0	17.8
内ドイツ	1.1	0.8	0.9	0.9	1.1	1.0	1.0	1.2
英国	1.9	1.9	2.2	1.8	2.6	2.5	5.8	5.7
フランス	2.8	3.0	3.4	3.5	3.8	3.9	3.3	3.2
オランダ	3.2	3.7	3.9	4.8	4.6	4.0	4.2	3.9
中東	0.1	0.1	0.1	0.1	0.2	0.2	0.1	0.1
アフリカ	0.0	0.0	0.0	0.0	0.0	0.1	0.1	0.1
ASEAN	2.0	2.1	2.7	2.8	2.9	4.2	4.8	4.2
EU	9.9	10.5	12.4	13.1	13.7	13.5	10.6	10.1
東欧・ロシア等	0.0	0.0	0.0	0.0	0.0	0.0	0.0	0.0

（出所）日本銀行

ASEAN、中国などへの生産拠点としての投資などに大別される。

　日本への直接投資は欧州が中心となっている。またアジアからの直接投資が増加し、米国を上回った。香港、シンガポールといった金融市場を経由した投資が増えている。

（3）証券投資

　日本の対外証券投資の多くが米国債や米国株に向かっており、そこからの利子・配当が第一次所得収支の受け取りに占める役割が大きい。次に欧州向けが多い。工場などが進出する対外直接投資では多いアジア向けはそれほど多くない。

　これは証券市場の発達度の違いも影響しているものと思われる。

　また日本では低金利が長引いたことから日本で低利調達し、海外で運用する円キャリートレードが内外金利差が大きくなった時には行われてきた。

(図表34) 日本の地域別証券投資残高 (兆円)

	2014	2015	2016	2017	2018	2019	2020	2021
合計	409.9	423.3	441.4	463.6	450.9	495.0	525.6	578.3
アジア	15.1	14.8	14.2	17.1	15.3	16.9	17.7	19.2
内中華人民共和国	2.3	2.0	1.8	2.6	2.5	3.1	3.6	4.1
北米	155.8	171.9	188.9	188.2	175.5	199.8	224.3	264.5
内アメリカ合衆国	148.7	165.2	181.2	180.1	168.0	191.5	214.8	253.2
中南米	71.9	81.7	88.2	101.7	105.5	112.9	110.2	115.0
大洋州	16.9	16.5	16.6	17.5	17.2	17.6	20.7	19.7
欧州	137.0	127.0	122.2	128.1	127.3	136.6	141.8	148.7
内ドイツ	18.5	15.5	14.2	15.7	13.5	14.2	14.1	14.3
英国	22.2	20.6	18.8	19.0	18.9	18.5	19.2	21.1
フランス	29.4	26.8	28.0	28.1	28.6	31.2	31.1	31.4
オランダ	15.4	14.2	12.5	12.6	12.5	12.7	12.8	13.7
中東	0.5	0.6	0.6	0.7	0.8	1.1	1.6	2.1
アフリカ	1.2	1.2	1.2	1.5	1.3	1.2	0.9	0.7
ASEAN	5.4	5.3	5.2	5.5	5.0	5.6	5.8	6.3
EU	127.6	118.2	113.5	118.7	118.1	126.7	113.0	117.4
東欧・ロシア等	1.5	1.5	1.5	1.8	1.8	2.0	1.9	1.9

(出所) 日本銀行

　本来は為替リスクがカバーされていないケースではカバーなし金利平価仮説が成り立っているのであれば高金利国の通貨は低金利国との金利差の分は減価し、キャリートレードは行われないはずである。

　日本ではかつてミセスワタナベと呼ばれた個人投資家が外貨を需要し、円安要因にもなったと思われていた。また、スイスフランもこうしたキャリートレードの対象だと見なされていた。しかし、2007年のサブプライムローン問題後、スイスフランでのキャリートレードが下火となり、円キャリートレードも2008年のリーマン・ショックからの世界金融危機でのドル安で痛手を被り下火となった。

　先進各国の金融政策が逆方向、あるいは差が大きい時には低金利国の通貨への攪乱要因となっている。

　逆に対外からの対内証券投資は第一次所得支払いとなる。その額は受け取りよりは小さく第一次所得収支黒字の要因となっている。

　米国からの対内証券投資も多いが、欧州からの証券投資も大きく、影響を及ぼしている。またアジアからも一定の証券投資が入ってきている。長期間名目ゼロ金利となるような低金利と円が弱含む中で一定の証券投資が入っていることは日本株への外国投資家の期待を示している。

　国際収支と国民経済計算の関係では

$$GNI = GDP + 第一次所得収支$$

となる。

　外国人の日本への投資が促進された理由には先述のスチュワードシップコードやコーポレートガバナンスコードなどが整備され、透明性が増すなどの市場の整備が進んだ影響もあると考えられる。さらに投資を促していく上で東証プライム市場の取り組みに見られるようなより透明な市場形成が欠か

（図表35）日本への地域別証券投資

	2014	2015	2016	2017	2018	2019	2020	2021
合計	285.1	320.5	325.2	376.7	351.2	396.2	426.0	471.0
アジア	29.9	33.4	41.3	47.1	43.9	49.0	48.0	56.3
内中華人民共和国	11.6	11.7	17.1	15.8	15.3	17.3	17.1	25.4
北米	103.8	120.6	123.7	151.7	134.0	152.8	159.4	177.4
内アメリカ合衆国	95.7	113.3	116.7	143.8	127.6	145.1	150.6	167.9
中南米	8.3	9.5	10.2	10.3	11.2	14.4	12.9	13.2
大洋州	4.4	5.8	5.3	5.2	5.4	6.3	6.1	7.3
欧州	112.6	126.9	123.5	144.7	140.3	154.9	178.5	193.9
内ドイツ	2.0	2.9	2.1	2.4	2.1	2.5	3.5	3.1
英国	35.7	38.4	33.7	41.0	31.6	35.4	42.3	46.2
フランス	15.2	15.5	13.1	12.8	12.5	11.9	12.9	15.0
オランダ	3.5	3.5	3.8	4.5	4.0	4.6	5.3	4.8
中東	16.5	15.8	14.4	10.8	7.9	7.8	7.5	8.0
アフリカ	0.3	0.4	0.4	0.4	0.4	0.3	0.3	0.3
ASEAN	11.3	13.6	14.0	16.7	16.9	17.2	14.4	12.2
EU	103.0	116.5	113.2	132.0	127.3	140.8	115.6	128.8
東欧・ロシア等	1.4	1.5	0.9	0.8	0.8	1.0	3.2	0.6

（出所）日本銀行

せなくなってきている。

　なお、保険料や保険金の支払は第二次所得収支に計上される。第二次所得収支は一貫して赤字である。

（4）その他の国際収支を巡る問題

　証券投資や直接投資の収益やデリバティブの交換差額、外貨準備増減を金融収支という。デリバティブは趨勢的にマイナス基調となっている。

　固定資産やリースや商標権を計上した資本移転等収支を考慮した関係は以下のようになる。

経常収支＋資本移転等収支―金融収支＋誤差脱漏 ≡ 0

　資本移転等収支、誤差脱漏は国により差があるが、通常は相対的に小さいために経常収支の動きは金融収支の動きと表裏一体の関係でもある。経常収支が黒字である国は対外資産を積み増し、収益を得る。

　経常収支と金融収支が表裏一体となる理由には国際収支が複式簿記で作成されていることもある。

　日本は経常収支黒字国であるので国内の貯蓄超過が海外に投資されている形になり、財政は大幅赤字であり、民間の貯蓄超過が他国をファイナンスする形になっている。これに対してドイツはコロナ禍の直前の 2019 年までは財政も民間も大幅な貯蓄超過であり、日本とは異なる構図で海外に流れた。

第9章　民間非営利団体と金融

第1節　民間非営利団体

　民間非営利団体は営利を目的とせずに社会的サービスを提供することを目的とする民間団体である。非営利団体の内対家計民間非営利団体もマクロ経済を構成する経済主体である。SNA 上も独立した経済主体とされている。

　1998 年に特定非営利活動促進法（NPO 法）が設立し、認可を受ければ法人格を持てるようになった。

　マクロ経済に占める割合は小さいが、近年存在感が増してきており、社会的に大きな存在となってきたものもある。社会教育、健康相談施設、児童福祉、障害者福祉、社会保険・社会福祉・介護、社会保険事業団体、老人福祉・介護、学術・文化団体、経済団体、労働団体、宗教などの民間非営利団体がある。特に社会保険関連の民間非営利団体は大きい。

　非営利団体には対家計サービスと対事業所サービスがあり、対家計サービスが収入、支出の 9 割以上を占めている。そして前述のように対家計民間非営利団体が SNA で独立した経済主体として計上されている。民間最終消費支出は家計最終消費支出と対家計民間非営利団体最終消費支出の合計となっている。

　内閣府の用語解説では「対家計民間非営利団体とは家計に対して非市場の財貨・サービスを提供する全ての我が国の居住者である非営利団体が含まれる。具体的には私立学校、政治団体、労働組合、宗教団体等が含まれる」としている。もっとも非営利団体の個々についての判断は難しく、特定の産業

分類に属し、会社以外の法人、法人でない団体は対家計民間非営利団体と位置付けているとしている。

　内閣府では民間非営利団体実態調査を毎年行い、実態を把握している。この調査において対企業民間非営利団体は事業協同組合や経済団体などである。対家計民間非営利団体は児童福祉事業、老人福祉事業などである。

　同調査によれば2020年度の民間非営利団体の収入は会費等の移転的収入がほぼ9割、事業収入（入場料、お布施、バザー売上）がほぼ1割を占めている。この内、宗教法人は事業収入の割合が大きい。

　支出は上・下部組織への支出や保険、共済組合等の給付金などの移転的支出が約7割、、人件費が2割、その他事業経費が1割となっている。

　日本の代表的なNPO　日本NPOセンター、レスキューストックヤード

（図表36）　対家計民間非営利団体　金融勘定（単位：10億円）

項　　目	平成22年度 2010	平成23年度 2011	平成27年度 2015	平成28年度 2016	令和元年度 2019	令和2年度 2020
① 貨幣用金・SDR	0.0	0.0	0.0	0.0	0.0	0.0
② 現金・預金	225.0	1,312.9	2,225.8	3,632.8	646.3	3,823.7
③ 貸出	-26.9	316.7	-70.3	63.1	24.8	969.4
④ 債務証券	-58.6	-1,565.6	-624.5	-433.9	-958.6	269.1
⑤ 持分・投資信託 受益証券	137.2	-33.9	224.9	-133.4	154.4	123.6
うち株式	45.9	31.9	74.2	59.3	108.1	11.3
⑥ 保険・年金・定型保証	0.0	0.0	0.0	0.0	0.0	0.0
⑦ 金融派生商品・雇用者ストックオプション	0.0	0.0	0.0	0.0	0.0	0.0
⑧ その他の金融資産	-423.9	-89.0	-67.3	420.1	-111.4	320.8
資産の変動	-147.2	-58.9	1,688.6	3,548.7	-244.5	5,506.6
⑨ 純貸出（＋）／純借入（－）（資金過不足）	57.5	-552.8	435.7	3,002.0	302.2	4,060.0

（出所）国民経済計算年報

他がある。

　NGO は非政府組織で国際協力をしているプロの団体である。日本赤十字社、日本ユニセフ協会、ピースウィンズ・ジャパンがある。

　東日本大震災支援全国ネットワークは　多数の NPO を束ね、一元的にボランティア派遣、寄付金の窓口になる。東日本大震災のあった 2011 年度以降は資金が急速に膨れ上がった。資金調達で金融機関から借入をするところは規模の大きいところが多い。その後 2016 年の熊本地震でも NPO は活躍した。コロナ禍では NPO にも持続給付金が出た。

第2節　金融 NPO

　日本には元々頼母子講などの相互救済のシステムがあった。これは皆が積み立てた資金をくじ引きで当たった人が無利子で借りるなどの方法である。地域の制裁があるために返済率は高い。

　NPO バンクは環境や女性にやさしい企業、文化的活動、被災者など相手を確かめて貸す金融機関で例としては未来バンク事業組合、AP バンクがある。（藤井（2007）に詳しい）。

　未来バンク事業組合は ESG 投資などが意識される前から環境問題に取り組み、地域活性化に取り組んだ。

　AP 銀行は音楽家などが出資し、他の音楽家の支援や東日本大震災の復興支援を行っている。

　新潟コミュニティバンクは 2004 年の新潟県中越地震を契機に 05-11 年に活動。コミュニティの再建のために資金貸付を行った。

　北海道 NPO バンクは 2002 年市民と役所が共同で出資、NPO などを支援した。

　NPO バンクは預金取り扱い機関ではないので寄付や出資などで賄う。貸出の際の審査などは金融機関出身者などが行う。資力がないので地元の地域金融機関などと協調融資を行う。

　しかし、悪質な貸金業者を取り締まることを目的とした 2006 年の貸金業法改正など取引コストの上昇につながる法改正などがあり、書類の煩雑姓などが、事務にマンパワーを割けない NPO バンクを悩ませている。

第 3 節　マイクロクレジット

　マイクロクレジットとは小口の資金を集め、小口で多くの人に貸し付けを行うものである。（必ずしも NPO の形態とは限らない）。

　代表例としてはグラミン銀行（バングラディッシュ）がある。

　チッタゴン大学のユヌス教授を中心に政府の補助を一部受けて小口の資金を集め、小口の資金を多くの人に貸し出す。貧困に教育が関係することをユヌス教授は指摘し、教育格差を解消するために女性が多く借りた。

　グラミン銀行の株主の 9 割以上が借り手で、借り手の 95% が女性だった。

　一万人を超す従業員が千を超す支店で展開した。

　借り手が返さなければグループ全体が借りられなくなるシステムで回収率98% と高い回収率を誇った。

　こうした取り組みでユヌス教授はノーベル平和賞も取り、共鳴を集めて多くの機関と協力関係も築いた。2018 年にはグラミン日本が設立され、 コロナ禍においても活動を行っている。

　海外では、トリオドス銀行（オランダ）が取引先の環境リスクを評価、環境に配慮した企業に融資する機関である。また、各途上国のマイクロファイナンスや NPO に資金供給を行っている。

　近年隆盛を極める ESG 投資（後述）でも NPO や NGO と金融機関との連携を重視しており、NPO は重要な存在である。

（図表37）（付表）部門別の金融資産・負債残高　2021 年 12 月末、兆円

（出所）日本銀行「資金循環勘定」

第Ⅱ部　中央銀行と政策

第 10 章　中央銀行と金融政策

　中央銀行は SNA 上は金融機関に分類されるが、その政策が他の主体の付加価値に大きな影響を及ぼす点で特異な存在である。他方、中央銀行自体の提供するサービスは金融仲介機関の中間消費とみなされ、間接的に計測される金融仲介サービス（FISIM）の対象機関にはなっていない。

第 1 節　中央銀行の歴史

　1668 年に最古の中央銀行であるスウェーデンのリクスバンクが設立された。その後 1694 年に設立されたイングランド銀行は 1844 年のピール銀行条例により貨幣鋳造権を独占し、今日に至る中央銀行の形を整えた。この貨幣鋳造権の独占ということは近代的な中央銀行の大きな特徴である。

　日本では 1877 年の西南戦争の軍費調達の貨幣発行後のインフレーションなどを経て、一元的に貨幣を管理する中央銀行設立の機運が高まり、1882 年に日本銀行が設立された。

　これに対して中央集権的な銀行を嫌う米国では 1913 年に連邦準備銀行（FRB）が中央銀行としてやっと稼働した。さらに 1999 年には国境を越えて複数の中央銀行を傘下に置く欧州中央銀行（ECB）が通貨ユーロの誕生とともに業務を開始した。

　日本銀行には多くの国立銀行に分散していた発券銀行としての役割を集中し、銀行の銀行としての役割、政府の銀行の役割もこなす。日本銀行は日銀法により定められた法人であり、資本金 1 億円、政府が 55%、民間が 45% の出資となっている。我々一般市民も日本銀行出資証券を買うことができる。

第2節　中央銀行の業務・目的

　中央銀行の最も主要な業務は金融政策（政策金利変更、通貨供給量増減）
及び特別融資のような「最後の貸し手」機能もある。

　通常業務では市中銀行への貸出、金融市場での調節、有価証券等の保護預
かり、為替取引などを行う。

　経済政策の目的には一般に「持続的成長」、「物価の安定」、「雇用の維持」、
「公平な分配」などが挙げられる。金融政策には通常「物価の安定」が政策
目的として割り当てられ、「公平な分配」には社会保障政策が割り当てられ
る。「安定的な成長」や「雇用の維持」に向けて財政政策も割り当てられる。

　中央銀行の目的には上記のような関連から物価の安定が割り当てられる。
しかし、この物価に対外価値である為替レートを含めるのか、また土地の価
格のような資産価格を含めるのかなどには議論がある。「雇用の維持」「持続
的成長」は右下がりのフィリップスカーブを前提とする限り「物価の安定」
とトレードオフの関係にあるが、双方を求める政治的圧力は強い（例
FRB）。

　政府は財政政策を行う際に、税収で賄えない場合は国債を発行させる。こ
れを中央銀行が引き受ければ、いくらでも国債を発行できることになり、財
政規律は失われる。他方、マネーの増加も続き、インフレ率は上昇する。

　直接的な国債引き受けは行われなくても2000年代に入って各国の中央銀
行は負債側のマネタリー・ベースを拡大して量的緩和を行った。その際に資
産側で多く保有したのは国債など公債であり、批判を招いた。

第3節　伝統的政策

（1）金利政策

　伝統的な政策では中央銀行は政策金利を上下させて金融を引き締めたり、緩和したりするが、アービング・フィッシャーは名目金利と実質金利の関係は次のようなフィッシャー方程式で表される。

　名目金利＝実質金利＋期待インフレ率

　景気に中立的な実質金利を均衡実質金利（自然利子率）という。

　期待インフレ率は実際に観測されないために、簡便的に事後的な実現したインフレ率を用いることもあるが、カールソン・パーキン法（注）のようなアンケートを持ちいる方法や中長期では物価連動国債と同じ年限の国債の利回りから求めるブレークイーブンレート（BEI）などで求める方法などがあ

（図表38）米国の BEI

（出所）CDM-NEXT より筆者作成

る。

　さらに、よく知られる政策決定のルールがテイラールールである。

政策金利＝均衡実質金利＋目標インフレ率＋a×（インフレ率―目標インフレ率）＋b×需給ギャップ

a＞0，b＞0（a，bは定数）

　という関係があり、各種検証で当てはまりがよいとされる。

　ただし、名目政策金利が先進各国でゼロとなってからは単純に参考とするのが難しくなった。

　金利には一般に満期があり、満期毎に金利をプロットした曲線をイールドカーブという。中央銀行がイールドカーブに働きかける政策に1961年の米国のケネディ政権時に行われたオペレーションズツイストがある。この時は短期債の売りオペと長期債の買いオペでイールドカーブをフラット化（平らになる）させた。日本銀行も2016年9月にイールドカーブコントロールを実施し、国債流通市場で大きな割合を占める立場からイールドカーブが過度にスティープ化（右上がりの急な傾きになること）しないように政策を行った。

　将来のある時点の現在に対する金利をスポットレートというのに対してそれらの金利から求まる将来の時点間の金利をフォワードレートと言い市場の期待を表している。2年もの金利が1％、1年もの金利が0.5％の時にフォワードレートは下記の計算で求まる。

　$(1+0.01)^2 = (1+0.005)(1+フォワードレート)$

　フォワードレート$= 0.015$

　となり、1.5％となる。

　これは1年後の1年金利が1.5％と予想されていることを意味する。

（図表39）イールドカーブの概念図

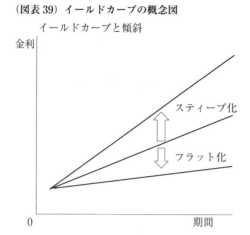

金融政策の遂行に当たってはイールドカーブを見ながら、スポットレートだけではなく、フォワードレートからの情報を見ながら運営することになる。

（2）準備率

預金準備率の操作も伝統的な金融政策である。

市中銀行は集めた預金に準備率をかけたものを中央銀行に預け金として預ける。準備率を高めれば金融引き締めとなり、準備率を下げれば金融緩和となる。

現金と預金の比率を現預金比率とすると

中央銀行の負債サイドであるマネタリー・ベース（ハイパワードマネー）は現金と準備を足したもので現金と預金に準備率をかけたものの和になる。

それに対して通常マネーの量として用いられるマネーストック（マネーサプライ）は現金と預金の和であるので、マネーストックがマネタリー・ベースの何倍になるかという信用乗数を求めると次のようになる。

$$信用乗数 = \frac{マネーストック}{マネタリー・ベース} = \frac{現金 + 預金}{現金 + 準備率 \times 預金} = \frac{現預金比率 + 1}{現預金比率 + 預金準備率}$$

従って先述のように預金準備率を高めれば他の条件を一定とすれば信用乗数が下落し、マネーストックが減少して金融引き締めとなる。準備率を下げれば他の条件を一定とすれば信用乗数が上昇し、マネーストックが上昇して金融緩和となる。

（3）マネー統計

日本銀行は 2008 年 6 月から従来のマネーサプライ統計をマネーストック統計に変更した。郵政民営化を受けゆうちょ銀行などが対象に入ったのに対して証券会社や短資会社、非居住者が通貨保有主体から除外された。

M1 は現金通貨すなわち紙幣と硬貨や預金通貨と呼ばれる流動性の高い要求払い預金である当座預金、普通預金、貯蓄預金などからなる。

M2 は現金通貨、預金通貨に準通貨と呼ばれる定期預金などや国内銀行等の発行する CD（譲渡預金）を加えたもので、旧マネーサプライ統計の代表的指標である M2＋CD との整合性をとった指標である。

M3 は全預金取扱機関の現金通貨、預金通貨、準通貨、CD を合わせたものである。

（図表 40）マネー・ストック統計指標の内容

指標	対象	内容			
M 1	全預金取扱機関	現金通貨	預金通貨		
M 2	国内銀行等	現金通貨	預金通貨	準通貨	CD
M 3	全預金取扱機関	現金通貨	預金通貨	準通貨	CD
広義流動性	全預金取扱機関他	M3	金銭の信託	投資信託	金融債
	中央政府、保険、非居住者	銀行発行普通社債	金融機関発行 CP	国債	外債

（出所）日本銀行

　広義流動性は M3 よりも広い対象機関で M3 に金銭の信託、投資信託、金融債、銀行発行の普通社債、金融機関発行の CP、国債、外債など広い範囲の資産となる。

　この預金準備率は日本銀行の金融政策決定会合の決定事項となっている。

第 4 節　非伝統的政策

（1）量的緩和の導入

　伝統的政策では名目政策金利がプラスになることが想定されていた。しかし、1999 年に日本銀行はいわゆる「ゼロ金利政策」を採用し、ここから非伝統的政策を採用していると言える。ゼロ金利政策は解除されたが、2001年 3 月に日本銀行はする対象を主として操作する対象を「金利」から日銀当座預金残高という「量」に変えた。この政策は 2006 年 3 月まで続いた。このような量的緩和は 2007 年にサブプライムローン問題に端を発した世界金融危機で各国も採用した。

　2008 年 11 月に FRB（米国連邦準備銀行）は QE1（Quantitative Easing 1）という量的緩和を導入し、MBS、国債などを買い取った。その後、QE2、QE3 と量的緩和政策を重ねていった。

　ECB（欧州中央銀行）は 2011 年以降欧州の銀行に通常よりも長い期間 3年無制限の長期資金供給オペ（LTRO: Long Term Refinancing Operation）を行った。

　日本では 2013 年 4 月に量的・質的緩和（QQE: Quantitative Qualitative Easing）を行った。消費者物価上昇率前年比 2％の物価目標を達成するために金融市場調節の操作目標を無担保コール翌日物からマネタリー・ベースに変更した。そしてマネタリー・ベースを拡大することを決定した。日本銀行の負債サイドであるマネタリー・ベース（銀行券＋準備預金）を年間 60

〜70兆円増加させる一方で、資産サイドで長期国債の買い入れを年間約50兆円増加し、量的緩和を行い、国債の平均残存期間を長期化して長期金利にも働きかけた。またETFの買い入れを年間1兆円、J-REITの買い入れを年間300億円拡大するなど質的緩和を行った。

さらに2014年10月にはマネタリー・ベースが年間80兆円増加するように、長期国債を年間80兆円、ETFを年間3兆円、J-REITを年間900億円増加させるように量的・質的緩和を拡大した。

かつては操作変数としてマネタリー・ベースを採用するか否かには議論があった。市中銀行が中央銀行に積む準備預金は前の月の預金量に一定準じているために操作可能性に疑問が持たれていた。

しかし、預金準備制度の柔軟化や金融危機を経て超過準備を積みたがる金融機関の増加、銀行券と国債保有上限の関係の考え方の変更により、マネタリー・ベース自体は政策意図通り増加した。

しかし、信用乗数自体は下落し、マネーストックは政策意図通りには上昇しなかった。

QQEに先駆けて日本銀行は2013年1月に「物価安定の目標」を導入し、消費者物価上昇率を前年比2%とすることを発表した。

いわゆるインフレ・ターゲティング政策はインフレを抑制し、物価を安定させる観点から90年代以降英連邦諸国の先進国やスウェーデンなどで導入された。契約社会ということや中央銀行の独立性を向上させる中での透明性の向上や期待インフレ率の安定などの効用が期待されてきた。インフレ目標は先進国では2%、新興国ではそれよりも高く設定されるケースが多い。

日本では契約をめぐる状況も異なり、インフレ抑制ではなく、デフレ抑制の観点からインフレ目標の導入が期待されるようになり、90年代にインフレ目標を導入した。

日本における消費者物価指数は総務省が発表し、日本銀行の資料では「生

（図表 41）マネタリーベースと信用乗数

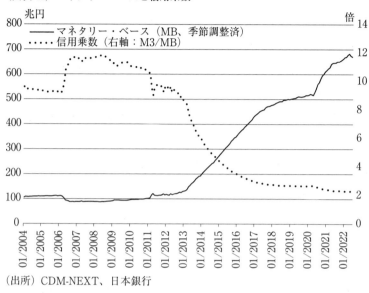

（出所）CDM-NEXT、日本銀行

鮮食品を除く総合指数」が用いられることが多い。ただし、エネルギー価格
の触れが大きいために「生鮮食品及びエネルギーを除く総合指数」の動きの
動きを見ることもエネルギー価格急変時には重要である。

　米国は金融政策の判断により調査対象が広い PCE デフレータ（個人消費
支出デフレータ）が重視されている。2012 年 1 月にインフレ目標を示し、
PCE デフレータの前年比が 2％になることが長期的な FRB の責務に見合う
ものとした。

（2）マイナス金利の導入

　金融政策の操作変数を金利から量に変換し、QQE を導入した日本銀行で
あったが、2014 年の消費税引き上げ（5％→8％）時を除けば、消費者物価
前年比は目標の 2％に達せず、デフレ脱却に至らなかった。この間、欧州債
務危機後の欧州でも物価上昇率がゼロ近辺であったが、欧州ではマイナス金

利を量的緩和に先行させた。

2012 年にデンマーク中銀が CD 金利に、2014 年には欧州中央銀行やスイス中銀が超過準備に、2015 年にはスウェーデンのリクスバンクが政策金利の中心である中銀レポレートにマイナス金利を導入した（2009-2010 年には政策金利の下限の預金金利をマイナスにしていた）。

日本銀行は 2016 年 1 月に日銀当座預金を 3 つに分けた内の超過準備部分にマイナス金利を適用し、「マイナス金利付き量的・質的緩和」とした。日銀当座預金を基礎残高、マクロ加算残高、政策金利残高に分け、各々に +0.1%、0%、▲ 0.1% の付利とした。

通常は名目金利はマイナスにならないゼロ金利制約があるが、期待インフレ率が変化しないために、それだと実質金利は下がらなくなる。景気に中立的な均衡実質金利（自然利子率を上回ってしまう）。そのためにマクロ政策としての金融政策では名目金利のマイナス金利に踏み込まざるを得ないというのが日欧の状況であった。

しかし、マイナス金利は金融機関経営にも重要な影響を及ぼす。将来の期待短期金利が下落し、リスクプレミアムが減少すれば景気と資産価格にはプラスであるが、イールドカーブはフラット化し、短期で調達し、中長期で貸す銀行の利鞘を縮小する。SNA でも銀行業の産出を利鞘と捉えているので、銀行業の産出に影響を受ける。スウェーデンなどでは長短スプレッドがマイナス金利下でも残存していたが、日本では消滅していた。

またマイナス金利になるような局面では需給ギャップが開いており、貸出需要が低迷し、預貸率が低下しているケースが多い。そこで証券で運用するにも、負債特性に見合った証券を購入することは難しく、超過準備が存在しやすい。政策金利残高約 10 兆円がマイナス金利になることは痛手となる。

機関投資家においても生命保険などは予定利率で長期の契約を引き受けており、その多くが円の負債である。イールドカーブのフラット化は円金利資

産での運用を困難にし、負債との特性の異なる資産を多く保有するために
ALM 上の困難さが生じる。外債を買って為替ヘッジをかけるにしても欧米
の方が先行して金融を引き締めればヘッジコストが上昇してしまう。

　早晩、何らかの見直しが入るとみられていた。

　ここで名目、実質利子率がいずれもマイナスとなると利子率とは何かとい
う問題に突き当たる。ケインズ経済学で流動性選好と資本の限界生産力との
関係で語られる利子率がマイナスであり続ける意味を考えさせられる。ピエ
ロ・スラッファは流動性選好も貨幣保蔵の限界効用であり特別視することを
批判した。諸商品の利潤率を商品間の交換の利子率として捉え、 内生的に
貨幣利子率は決めないとした。

（3）イールドカーブコントロールの導入

　先述のように 2016 年 9 月には長短金利操作付き量的・金融緩和（QQE
with YCC）が導入された。10 年物国債金利をゼロ近辺に保つもので、イー
ルドカーブの形状をある程度規定するものである。

　中央銀行の長期金利の操作性は従来の定量分析などでは否定的に見られて
いたが、国債市場での日本銀行の存在の大型化などもあるのか、出来る前提
となっている。

　2018 年 7 月には 10 年国債の変動の許容乖離幅を 0.2％程度として、市場
機能を生かしやすくした。さらに 2021 年 3 月には許容乖離幅を 0.25％とし
たが、日本を除く各国が利上げ局面に転じると、許容乖離幅の拡大や YCC
政策の変更や廃止を見越した投機筋の国債売りに悩まされた。

　そうした中でイールドカーブの歪みや社債とのスプレッドの歪みが生じる
ようになり、2022 年 12 月には 10 年国債の上限を 0.5％に上昇させる決定を
行うことを余儀なくされた。

　また、量的緩和の出口においては国債の償還や売却により中央銀行の国債

シェアが減少することから長期金利の操作性を主張するには実証的な蓄積が待たれる。

　YCC 政策はオーストラリア準備銀行も 2020 年 3 月に採用し、3 年国債に目標値を設け、2021 年 11 月まで行ったが、その後の総括で、それ以上長い金利への影響や失敗した時の中央銀行の名声へのダメージなどあまり肯定的には捉えていない。

　イールドカーブコントロール政策と密接な関係があるフォワードガイダンス（時間軸効果）は非伝統的金融政策の一つで、将来の政策を予告、あるいは現在の政策を少なくともどのような条件になるまでは継続するとすることにより期待に働きかける政策である。日本はゼロ金利政策を行っていた 1999 年〜 2000 年に既に時間軸政策を行っていたが、2018 年 7 月に再び導入した。オーバーシュート型コミットメントという形で生鮮を除く消費者物価上昇率が安定的に前年比で 2％を超えるまでマネタリー・ベースの拡大方針を維持するとしている。

（4）テーパリングと量的引き締め（QT）と出口戦略

　量的緩和政策にはいつか出口戦略が必要となる。米国では量的緩和第 3 弾（QE3）の後に 2014 年 1 月からテーパリング政策が始まった。量的緩和に伴う資産買い入れを段階的に減らしていく政策である。米国は 2020 年 3 月にはコロナ禍からまた、量的緩和第 4 弾（QE4）に追い込まれた。その後 2021 年 11 月にはまたテーパリングを始め、量的緩和を逓減させた。

　2022 年 5 月に FRB は 0.5％の政策金利である FF レート（フェデラルファンドレート）の利上げとともに量的引き締め（QT）を開始した。QT はテーパリングのような資産買い入れ逓減ではなく、資産売却などでの資産縮小を行う政策である。

　日本の場合、出口戦略においてはテーパリングや QT に加え、質的緩和か

らの脱却も課題となり得る。ETF の購入により日本銀行は多くの企業の大株主となっており、コーポレートガバナンス上の影響にも十分な配慮が必要となる。

第 5 節　金融政策と資産価格

（1）バブルの発生

金融政策は所得や利子率、物価の関係に影響を与え、その目的は通常は物価の安定であり、金利を動かすことで期間構造も利用して金融政策を行う。それでは株価、地価といった資産価格と金融政策の関係を学ぶ。

バブルとは実際の価値に基づかない泡のような価値が発生すること。例オランダのチューリップ、日本の明治時代の万年青（おもと）などが例として挙げられる。

ハイマン・ミンスキーは信用膨張を元利ともに返済可能な (あるいは返済可能性の高い) ヘッジ金融から利息のみ返済可能で元本支払い困難な投機的金融、元本とともに利息すら返済できないポンジ金融にまで融資が行われてしまうことで説明した。過剰融資や過剰投資を伴う状況は資産の投げ売りを生みミンスキー・モーメントと呼ばれる状況を生むとされる。

日本では 80 年代後半に金融緩和が長引き地価、株価が上昇し、バブルが発生した。欧米でもサブプライム問題が顕在化する 2007 年まで地価上昇、株価上昇が見られた。いずれのケースも一般物価は落ち着いていた。2013年以降は株価は反転し、趨勢的に回復した。

（2）資産価格と金融

資産価格の上昇は「資産効果」と呼ばれる効果を生み出す。土地や株の上昇により時価の財産が増加した個人は消費を増加させる。また地価上昇によ

（図表 42）資産価格と消費者物価

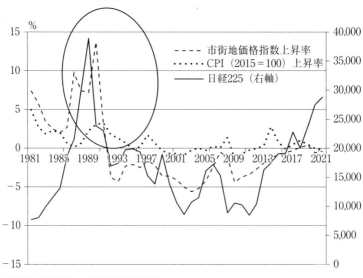

(出所）日銀 HP、総務省統計局 HP

る担保価値上昇、株式市場での調達容易化により資金調達全体が容易化、設備投資も増加する。バブル経済の発生の際に見られた。反対の減少もバブル経済の崩壊時に見られるが、このことを「逆資産効果」という。

　資産価格の上下は担保価値を上下させ、景気循環を増幅するとするという見方もある。他方、資産価値の上昇は担保価値を上昇させ、倒産時のコストを大きくするために危ない企業が金融市場から退出し景気のぶれを小さくするという見方もある。

　それでは金融と資産価格の関係はどのようになるのであろうか。

　株価や地価の一般的な理論では金利が低い方が価格は高くなる。

（株価）

　配当割引モデル（DDM）では、負債を考えない株主資本を対象に妥当な

株式価値は将来受け取る配当の割引現在価値と考える（3章で既述）

$$妥当株価 = \frac{D_1}{(1+r)} + \cdot \cdot \cdot + \frac{Dn}{(1+r)^n}$$

　期待される毎期の配当 D を資本コスト r で割り引いた価格を足し合わせた価格となる。

　次に割引キャッシュフローモデル（DCF）では n 期のキャッシュ・フローを CF_n、加重資本コストを WACC とした時

$$企業の現在価値（EV） = \frac{CF_1}{(1+WACC)} + \cdot \cdot \cdot + \frac{CFn}{(1+WACC)^n}$$

となる（詳細は3章）

　これらはいずれも金利が上昇した際に分母が上昇し、株価の評価にマイナスに働く。

（地価）

　地価においても地代 R（レント）を現在価格に金利 i で割り引いたものと考えることも出来る。

$$理論地価 = \frac{R_1}{(1+i)} + \cdot \cdot \cdot + \frac{Rn}{(1+i)^n}$$

　また、地価の代表的なモデルである収益還元モデルは以下のようになる。

地価＝不動産純利益／収益還元利回り

　　（注）収益還元利回り＝回収利益額／不動産投資額

金利上昇時には地代の現在価値は低くなり、回収利益額もより高いものが求められ、不動産の純利益の内の経費も上昇することから、地価にも金利上昇はマイナスの効果を及ぼす。

（3）金融政策の役割と資産価格

多くのバブルは一般物価が必ずしも上昇していない時に生じており、資産価格上昇を金融政策で潰すのは難しい。

生産性上昇による物価下落の場合は金融を引き締めると生産性を損なってしまう。従って一般物価が落ち着いているのに資産価格が高騰している場合は原因の究明が必要となる。

白川（2008）は金融政策はバブルの発生の速度に影響はするが、資産価格の上昇に割り当てるべきではないとしている。強気化した期待を弱めるのは困難であり、資産価格下落のみを目的とすると経済を損ねる可能性を指摘している。

また、物価目標を明示したインフレーション・ターゲッティング採用のスウェーデン、英国などにおいても利上げの際の理由に資産価格の上昇が見られることを指摘している。資産価格の上昇で住宅価格が上昇、家計債務の増加があり、利上げをしなければ将来の景気、物価の下落リスクが高まるということで、一般物価をみて政策を動かすことと矛盾しないとしている。

基本的に住宅バブルなどにリアルタイムで気づくことは難しく、過度な懸念がむしろ危機に結びつくことがある。

（注）カールソン・パーキン法

カールソン・パーキン法は Carlson, Parkin（1975）に発表された方法でアンケートにおける将来の物価水準ないしはインフレ率についての予想（上昇する、変わらない、下落する）の分布を知ることにより、社会全体の期待イ

ンフレ率を計測する方法である。

　日本でも多くの計測例があり、経済企画庁（当時）の経済白書や日本銀行の月報などでも度々計測結果が紹介されている。詳細は元論文の他、大久保（1983）、刈谷（1986）などに詳しい。

　上述の論文等によれば、具体的作業手順としては、

　仮定として

　① アンケート回答者の物価（インフレ）予想は正規分布で禁じ可能

　② 予想される変化が一定値（閾値）に達しない場合には「変わらない」
　　 と回答する。

　③ 閾値は回答者の母集団に関して共通（可変にするやり方もある）とお
　　 く、この閾値の算出が作業のポイントになる。

この仮定のもとに算出の際には以下の通りの作業ステップを踏んでいく。

　1）サーベイデータの加工

　　あるサーベイデータについての回答結果が各々

　　「t 期の期待インフレ率 X_t は t−1 期（調査時期）の実績 η_{t-1}（物価予想ならゼロ）より上昇すると答えた人」Z_{1t} 人

　　「t−1 期と変わらないと答えた人」Z_{2t} 人

　　「t−1 期より下落すると答えた人」Z_{3t} 人

　　であったとする。

　ただし、閾値を δ_t とすると $\pm \delta_t$ 未満の変化は変化として認識されないものとする。$\delta_t > 0$ であるが、データを加工しないとうまくいかない時がある。

　　$Z_{1t} + Z_{2t} + Z_{3t} = n_t$（標本計）

のとき、

$$r_{1t} = \frac{Z_{1t}}{n_t} , \ r_{2t} = \frac{Z_{2t}}{n_t} , \ r_{3t} = \frac{Z_{3t}}{n_t}$$

インフレ率予想は N（μ_t, σ_t）の正規分布に従うものとする。

r_{1t} は $X_t > \eta_{t-1} + \delta_t$ と予想する人の割合

r_{3t} は $X_t < \eta_{t-1} - \delta_t$ と予想する人の割合

である。

2）正規分布関数の特定化（平均値と標準偏差の推定）

Φ は N（0,1）に従う標準正規分布関数

$\Phi^{-1}(1 - r_{1t}) = a_t$

$\Phi^{-1}(r_{3t}) = b_t$

$$\mu_t = \eta_{t-1} - \delta_t \cdot \frac{(a_t + b_t)}{(a_t - b_t)} \cdot \cdot \cdot \text{平均的な期待インフレ率} \quad \cdot \cdot \cdot (1)$$

$$\sigma t = \frac{2\delta_t}{(a_t - b_t)} \cdot \cdot \cdot (2)$$

3）閾値 δ_t の推定（ここでは最も単純な方法を採用）

（1）閾値は観測機関と通じて一定と仮定 　$\delta_t = \hat{\delta}$

（2）インフレ予想値の母集団 μ_t の推定値 $\hat{\mu}_t$ の推定値 $\hat{\mu}_t$ の T 期間平均 $\Sigma\hat{\mu}_t$ はインフレ率の事後的な T 期間平均 $\Sigma x_t/T$ に等しい。

$$\Sigma_{t=1} \hat{\mu}_t = \Sigma_{t=1}^{T} x_t$$

(1)、(2) の仮定により

$$\delta t = \hat{\delta} \fallingdotseq \sum_{t=1}^{T}(\eta_{t-1} - x_t) / \sum_{t=1}^{T} \frac{(a_t + b_t)}{(a_t - b_t)}$$

((1) の変形により次のようになることを利用

$$\sum_{t=1}^{T} \delta t \fallingdotseq (\sum_{i=1}^{T} \eta_{t-1} - \sum_{i=1}^{T} \hat{\mu}_t) / \sum_{i=1}^{T} \frac{(a_t + b_t)}{(a_t - b_t)}$$

(1) の関係を利用して

$$\sum_{i=1}^{T} \mu_t = \sum_{t=1}^{T} \eta_{t-1} - \sum_{t=1}^{T} \delta_t \cdot \frac{(a_t + b_t)}{(a_t - b_t)}$$

仮定より

$$\sum_{t=1}^{T} \hat{\mu}t = \sum_{t=1}^{T} xt$$

$$\delta t = \hat{\delta}$$

$$\hat{\delta} = (\sum_{t=1}^{T} \eta_{t-1} - \sum_{t=1}^{T} x_t) / \sum_{t=1}^{T} \frac{(a_t + b_t)}{(a_t - b_t)} \quad \cdot \cdot \cdot (3)$$

(1) からは直接 $\delta t = \dfrac{\eta_{t-1} - \mu_t}{(a_t + b_t)/(a_t - b_t)}$ の関係が得られる。

$\mu_t = X_t$ と仮定すると

$$\delta t = \frac{\eta_{t-1} - x_t}{(a_t + b_t)/(a_t - b_t)}$$

　しかし、回答が偏った場合やデフレ期には δ_t はしばしば負となり、条件を満たさない。

各 t 期で $\dfrac{\eta_{t-1}-x_t}{(a_t+b_t)/(a_t-b_t)} > 0$ を満たさなくても

$$(\Sigma_{t=1}^{T}\eta_{t-1}-\Sigma_{t=1}^{T}x_t)/\Sigma_{t=1}^{T}\dfrac{(a_t+b_t)}{(a_t-b_t)} > 0$$

　となる $\hat{\sigma}$ が得られれば良いが、数値を加工しないとなかなかうまくいかず、期待インフレ率の計測では中長期ではあるが、インフレ連動債を用いたBEI などに注目が集まっていた。しかし、2022 年のように世界的なインフレ期になると消費者センチメントや企業マインドなどを反映できるカールソン・パーキン法を用いる余地がまた広がってきた。

　従来よく用いられてきたデータとしては CPI では内閣府の消費動向調査、PPI では日銀短観などが用いられてきたが、日本銀行自体も「生活意識に関するアンケート調査」を 2006 年以降は年 4 回行っており、CPI などに用いる余地が出ている。

第 6 節　金融政策と理論

（1）貨幣市場の均衡

　中央銀行の金融政策を一般に説明されている理論（ツール）、教科書ではどのように説明されているだろうか。この節ではそれを紹介したい。

　先に説明したように貨幣供給を Ms、マネタリー・ベース（ハイパワードマネー）H に信用乗数をかけたもので表せる。

　Ms= 信用乗数×H

　これに対して貨幣需要 Md は取引動機、資産動機、予備的動機などで生じる。流動性選好では貨幣市場と債券市場を想定するが、所得 Y は取引量を左右し、利子率 r は債券市場に影響し、貨幣保有の機会費用を左右すること

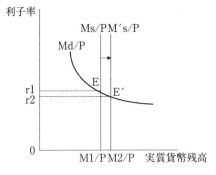

（図表 43）貨幣供給と貨幣需要

から次のように書ける（P は物価水準）。

$$\frac{Md}{P} = L(Y, r)$$

$\dfrac{Ms}{P} = \dfrac{Md}{P}$ となるところで貨幣市場が均衡する。

　今、貨幣供給が増加した時に均衡点がシフトし、利子率が低下する。

　しかし利子率が一定の水準より下がり、貨幣供給が増加してもそれ以上は利子率が下がらない「流動性のわな」に陥る場合もある。

（2）IS−LM 曲線と金融財政政策

　今、閉鎖経済全体の需要を Z とすると

　需要 Z ＝ C ＋ I ＋ G

　（C は消費、I は投資、G は政府支出）

　となる。

　45 度線で考えた時には Z が 45 度線と交わるところで財市場の需給が均衡

（図表44）45度線と需給

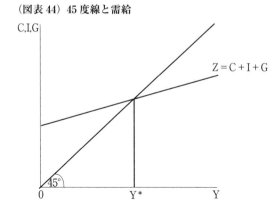

C,I,G

$Z = C + I + G$

$45°$

0　　　　　　　　Y*　　　　　Y

する。

　従って所得をYとすると

　$Y = C + I + G$

　となる。

　消費は可処分所得に依存することから

　$C = C(Y - T)$

　また投資は利子率rに依存することから

　$I = I(r)$

　となる。

　$Y = C(Y - T) + I(r) + G$

　この均衡点を所得Yと利子率rの組み合わせで描いた曲線をIS曲線という。今、所得が上昇した時に貯蓄が増加することから均衡が保たれるためには利子率が下がり投資が増加しなければならない。そのためIS曲線は右下がりとなる。

　財政拡張政策が取られ減税や政府支出増があるとIS曲線は右にシフトする。

（図表 45）IS 曲線とシフト

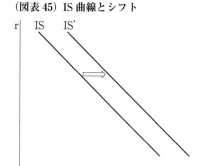

　貨幣市場では所得 Y が増加した時に貨幣需要 Md 曲線は上方にシフトし、Ms と交わる際の利子率 r は上昇する。

　貨幣市場が均衡する際の利子率と所得の組み合わせを LM 曲線という。以下のように示される。

$$\frac{M}{P} = L(Y, r)$$

　今、所得 Y が増加した際に貨幣の取引需要が増加し、均衡が保たれるためには利子率 r が上昇し貨幣の資産需要が減る。この曲線は右上がりとなる。

　中央銀行が資金供給を増やすなど金融緩和をした際には LM 曲線は右にシフトする。

　なお、期待インフレ率を π_e とすると実質金利 r と名目金利 i の関係は

$$i = r + \pi_e$$

となる。

　価格が硬直的で期待インフレ率がゼロの時は

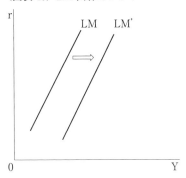

（図表46）LM 曲線とシフト

i＝r

となり、実質金利と名目金利が等しくなる。

　これらを踏まえて財市場と貨幣市場の均衡を利子率と所得で表したものが IS－LM 分析である。

　この分析により様々な政策含意を探ることができる。

　例えば財政支出を拡大した時には IS 曲線は右側にシフトし、通常の LM 曲線との交点では金利が上昇する。LM 曲線の金利弾力性が高ければ金利上

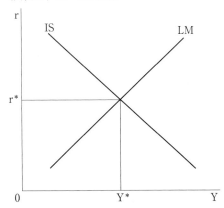

（図表47）IS－LM 曲線

（図表 48）IS−LM 曲線のシフト

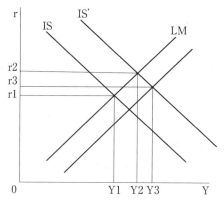

昇幅が低いが、一定以下の金利弾力性の場合は金利に依存する投資を減少させてしまい、クラウディング・アウトが起こってしまう。

　それを避けるためには金融緩和を組み合わせると金利上昇幅が限られるために、ともに金融政策が組み合わせられることが多い。

　なお「流動性のわな」に陥っているような場合には貨幣量の増加があっても利子率がそれ以上低下せず、所得は増加しない。

（図表 49）流動性のわな

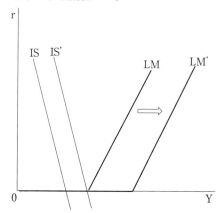

このような場合には拡張的な財政政策を行った時に利子率が上昇せずにク
ラウディング・アウトが起きずに所得を増加できる。

（3）AD-AS 曲線と財政金融政策

今、名目マネー・ストック M が一定で物価 P が動くとする。物価が上昇
した際には実質的な金融引き締めとなり LM 曲線が左にシフトして均衡所
得は減少する。物価が下落した際には実質的な金融緩和となり、均衡所得は
上昇する。これらより縦軸に物価 P、横軸に所得 Y をとると右下がりの総
需要（Aggregate Demand）曲線を得る。

労働市場では実質賃金が下がると企業が雇用を増大させ、生産量を増加さ
せる。こうした中で総供給（Aggregate Supply）曲線は右上がりとなる。

これらを用いて政策の影響を見ると次のようになる。

AS 曲線が右上がりの際に金融政策の緩和、拡張的な財政政策をとった場
合には AD 曲線が右にシフトして物価、所得ともに上昇する。逆に金融政
策の引き締め、増税などの財政政策をとった場合には物価、所得ともに下落
する。

（図表50）AD 曲線

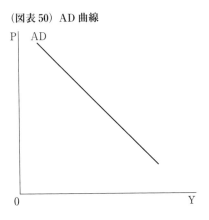

（図表 51）AD － AS 曲線

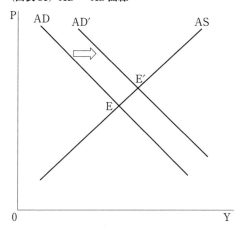

　他方、新古典派のように AS 曲線が垂直となるような場合には拡張的な政策をとっても物価は上昇するものの所得は増加しない。

　規制緩和政策がとられた場合には生産性が向上し、AS 曲線が右にシフトして、所得は上昇、物価は下落となる。

（4）開放経済下への IS－LM 分析の拡張

　マンデル・フレミングモデルは IS－LM 分析を開放経済下に応用したモデルである。

　今、輸出を X、輸入を M とすると純輸出 NX は X-M となる。為替レートを e とすると純輸出が為替に依存することから

　$NX = NX(e)$

となる。なお、マーシャルラーナー条件が成り立つとして純輸出は為替レートが高ければ減少、低ければ増加する。

　今小国の金利を r、大国の金利を r^* とすると最も簡単な小国開放経済、

（図表52）IS－LM曲線と均衡点

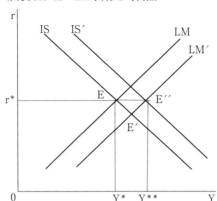

資本の完全移動での仮定のモデル体系は次のように表せる。

$$Y = C(Y-T) + I(r) + G + NX(e)$$

$$\frac{M}{P} = L(r, Y)$$

$$r = r^*$$

　今、ある小国が金融緩和政策を行うとLM曲線が右にシフトし、自国金利に低下圧力がかかる。金利が下落すると大国に向けて資本流出ある力がかかる。為替に減価圧力がかかると純輸出はマーシャルラーナー条件が成り立てば増加するので、IS曲線が右にシフトし、内外金利が等しくなる点でIS－LM両曲線が交わる。この時所得は増加し、金融政策緩和は有効であると言える。

　マンデル・フレミングモデルは変動相場制の場合と固定相場制の場合。大国の場合と小国の場合。資本移動が完全な場合、不完全な場合など様々な想定で応用され、政策示唆を得ている。

第11章 中央銀行の独立性

第1節 中央銀行の独立性と日銀法改正

（1）旧日銀法とその改正

　70年代のスタグフレーションと80年代の国際協調の経験を経て90年代には政府からの独立性を強めるのが世界の中央銀行の潮流となった。日本銀

（図表53）日本銀行の中央銀行独立性指数得点表

大項目ウェイト	小項目ウェイト	内容	旧日銀法	新日銀法
0.20		最高役職者	0.52	0.65
	0.25	総裁任期	0.50	0.50
	0.25	総裁任命者	0.25	0.25
	0.25	総裁解雇	0.83	0.83
	0.25	総裁兼務	0.50	1.00
0.15		政策決定	0.17	0.27
	0.25	政策立案	0.67	0.67
	0.50	意見対立調整	0.00	0.20
	0.25	政府への発言権	0.00	0.00
0.15		政策目標	0.00	0.60
0.15		政府への貸出（無担保）	0.00	0.33
0.10		政府への貸出（有担保）	0.00	0.00
0.10		貸出条件の決定者	0.33	0.33
0.05		中央銀行の政府内信用供与先		
0.10		貸出制限	0.06	0.06
	0.25	信用供与の制限		
	0.25	信用期限	0.00	0.00
	0.25	金利規制	0.25	0.25
	0.25	国債購入に際しての中央銀行によるPrimary Marketへの参加	0.00	0.00
1.00		総計	0.18	0.37

（出所）Cukierman, Webb, and Neyapti（1992）、高橋（2000）

行に関しては1942年の戦時下で制定された旧日銀法が半世紀以上存続していた。その第1条は「日本銀行ハ国家経済総力ノ適切ナル発揮ヲ図ル為・・」と戦時色の強いものであり、主務大臣の一般監督権、政府への信用供与の曖昧さなど独立性が低いものであった。

　戦後の49年には民主的な意思決定機関としての政策委員会の設置の動きが出た他、57年や64年に改正の議論が活発化したが、最終的に改正には至らなかった。

　改正の動きは長く中断したが、85年のプラザ合意以降に国際協調の中で

（図表54）日本銀行の中央銀行独立性指数得点表2

		旧日銀法	新日銀法
政治的独立性	総裁が政府により任命されない		
	総裁の任期が5年超		
	全ての政策委員が政府により任命されない		
	政策委員の任期が5年超		
	政府代表の政策委員参加義務付けなし		
	金融政策発動の政府承認の必要なし		1
	政策目標の1つとして通貨安定がある	1	1
	政府との対立の際の調整方法が法に明記		
経済的独立性	政府への直接貸出、自動的でない	1	1
	政府への直接貸出、市場金利で		
	政府への直接貸出、一時的	1	1
	政府への直接貸出、量的制限あり		
	中央銀行が国債の発行市場の買い手でない	1	1
	公定歩合を決定出来る	1	1
	銀行監督権が中央銀行だけに賦与されてない	1	1
	銀行監督権が全く賦与されていない		
合計	政治的独立性	1	2
	経済的独立性	5	5
	総計	6	7

（出所）Grilli,V.,Masciandaro,D.,Tabellini.,G.（1991）、高橋（2000）

金融政策決定に制約があったことや世界的中央銀行の改革の潮流、橋本内閣での金融ビッグバンなどもあり、また動き始めた。与党のプロジェクト、首相の諮問委員会である中央銀行研究会、大蔵大臣（当時、現在の財務大臣）の諮問機関である金融制度調査会で議論された。

主な論点としては①日本銀行の目的、②日本銀行の独立性、③透明性、④プルーデンス政策、⑤政府への信用供与—などで徐々に法改正の方向性が定まった。

（2）新日銀法の施行

新しい日本銀行法案は97年3月に国会に提出され、6月に成立、98年4月に施行された。

中央銀行の独立性を測る中央銀行独立性指数の中でも代表的なCukierman,Webb,Neyapti（1992）の独立性指数を用いて改正当時に筆者が計算した例（高橋（2000））でも大幅に独立性が上昇した。

また別の代表的な中央銀行独立性指数である Grilli,Masciandaro, Tabellini（1991）の指数で同じ論文で筆者が計算した例でも独立性が上昇している。

政策目的で日本銀行の目的を物価の安定を理念とする通貨、金融調節と信用秩序の維持と明記した。これにより物価の安定が第一義的な目的として定められた。また主務大臣の一般的業務への命令権を廃止して財務相の影響は予算の認可等限定的となった。また、政策上の意見相違を理由とする役員の解任の禁止により総裁が自らやめない限り、政府が解任することは難しくなり、総裁の地位は大幅に強化された。政策委員会を改革し、業界代表方式を廃止、総裁1名、副総裁2名、審議委員6名の計9名とした。なお、政府委員は2名とし、議案提出権、議決延期請求権を持つが政策委員会での議決権はもたない（2000年8月のゼロ金利解除時に政府が議決延期請求権を行使

した）。

　政府への直接与信は認められていない。従って国債引き受けは認められていないが、外国為替市場の介入の際の原資である国庫短期証券の引き受けなどは行っている。

　98 年の日銀法改正により独立性は高まったが、各計量結果では独立性が高まると物価上昇率は抑えられるとなっている。

　欧州の中央銀行は欧州中央銀行の傘下に入る過程で独立性を高めざるを得なかった。そのため改正後の日銀の独立性が特段高いわけではない

　90 年代にインフレ・ターゲティングを導入して目的である物価の安定を遂げる中央銀行が増加したが、透明性を高め、期待形成に影響を与えることで目的を達成しようとした。アカウンタビリティと呼ばれる透明性が高まり、インフレ・レポートなどが発行されている。

　中央銀行独立性を測る新しい試みも出てきている。Rommeli（2022）は主要な中央銀行独立性指数が 1990 年代初頭であることに着目し、役割が複雑化する現在はより広範囲の独立性チェックの指数が必要であるとしている。

　従来の独立性指数が総裁の地位の保全に重きを置いていたのに対して新しく提唱した独立性指数では政策決定のボードメンバーの地位も採点項目とし、解任や再任についても採点項目としている。

　さらに中央銀行の財政にも着目し、多くの項目を付け加えた他、中央銀行のレポートティングも重要視している。この点は透明性にも配慮したものとなっている。

第 2 節　　中央銀行と為替介入

（1）為替介入について

日銀法改正の際に中央銀行の目的を通貨価値の維持として国内物価の安定

とともに為替レートにも責任を負わせるという意見も皆無ではなかった。しかし、国際金融の理論では自由な資本移動と独立した金融政策、安定した為替レートは同時に成り立たない「国際金融のトリレンマ」と言われる問題が存在していることが知られている。最終的に財務省（改正法の施行当時は大蔵省）に為替を巡る権限があるとされ、委託を受けて日本銀行が外国為替市場に介入することとされた。

　変動相場制度下で短期間に為替が急激にふれれば輸出入に携わる企業の収益が振れたり、外貨に投資していた企業の収益で思わぬ損失につながったりする。そこで通貨当局は為替介入を行う。

　金利平価が成り立てば高金利通貨の為替レートが減価するのであるが、実際には低金利通貨で調達して高金利通貨に投資をするキャリートレードなどで逆の動きをする時がある。

　日本が長期的に低金利に陥ってから円で調達して他の通貨で運用する円キャリートレードで円安要因となることがあった。個人もこのような投資行動を行い「ミセスワタナベ」の通称で、外国為替市場で存在を示した。

　固定相場制の場合、あるいは変動相場制でそれ以上の自国通貨上昇を望まない場合に通貨当局は外国通貨を買って自国通貨を売る　。そのまま放置すれば介入額分マネタリー・ベースが増加し、信用乗数倍マネーストックが増加して金融緩和したことになり、独立した金融政策ではなくなってしまう。そのため資金を吸収して、市場への影響をなくす。この措置を不胎化という。不胎化しない場合を非不胎化という。

　反対に自国通貨の下落を望まない場合は外国通貨を売って、自国通貨を買う。放置すれば介入額分マネタリー・ベースが減少し、マネーストックが減少、金融引き締めをしたことになり、金利上昇を望まない場合などは不胎化する．

　不胎化しなければ非不胎化となる。なお、マネーストック統計は以前には

マネーサプライ統計とされていたが、日本銀行は 2008 年よりマネー・ストック統計としている。

　自国通貨の買い支えの介入の場合は外貨準備の制約に留意しないといけない。アジア通貨危機の際にも外貨売りで外貨準備が枯渇した国が続出した。日本の場合、大量の米国債を売ることにもなり、米国との調整が必要となる。そうした中で外貨預金は比較的介入に使いやすい資産とも言え、構成が重要になる。自国通貨を買い、不胎化しなければ、マネタリー・ベースが減少し、金融引き締め要因となる。金融緩和局面では整合性に留意しなければならない。

　自国通貨売りの場合は外国の債券を売るような問題はないが、自国通貨を過度に安く導く、為替操作国との批判を招かないようにしないといけない。不胎化しなければマネタリー・ベースが増加し、金融緩和要因となる。金融引き締め局面では整合性に留意しなければならない。

　世界的には 2000 年以降、東日本大震災まで FRB や ECB の介入はなされなかった。その意味で協調介入はなされなくなり、日本単独での介入がなされた。巨額のドル買い介入は外貨準備を増加させた。ただし、東日本大震災の際には為替相場の急激な変動を防ぐために G7 の緊急電話会議が開催され、円売りの協調介入が行われた。これは 10 年半ぶりの協調介入となった。

　その他、欧州ではスイス国立銀行がユーロに対してのスイスフランレートを一定の範囲に収めるために度々介入したが、自国通貨高を防ぎきれなくなり、2015 年に対ユーロの上限を撤廃し、そのような介入を停止した。

　日本においては財務省の管轄する特別会計である外国為替資金特別会計において外貨準備の管理にあたっており、毎年度末の状況などが財務省から公表されている。それによると 2020 年度末の同会計の外貨建資産は 137.2 兆円に及び、内、117.9 兆円が外貨証券であり、その約 4 分の 3 が国債（73.7％）となっている。

（図表 55）円ドルレートと為替介入額

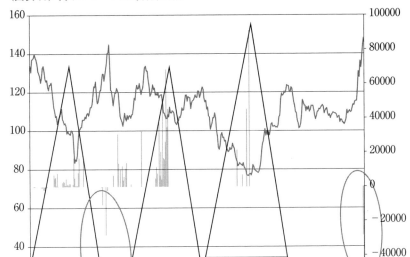

（出所）財務省「外国為替平衡操作の実施額」、日銀 HP

　なお 2022 年には円買い、ドル売り介入が行われ、この外貨準備を用いて介入している。

　介入については、依託とはいえ、日本銀行が為替介入にかかわることに関しては介入が成功しなかった時に中央銀行としての信用を損ねるという指摘もある。

（2）国際金融のトリレンマ

　為替と金融政策、資本移動の間には「為替の安定」、「独立した金融政策」、「自由な資本移動」の全てが同時に成り立たないという国際金融のトリレンマ（あるいは「不可能な三角形」）があることが知られている。

（図表56）国際金融のトリレンマ

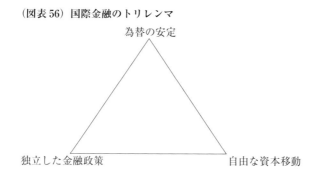

ユーロ圏では欧州中央銀行制度に参加した各国は金融政策の独自性を放棄した上で統一通貨による域内の為替安定と自由な資本移動を享受している。中国では管理フロート制下、資本を規制した上で独自の金融政策を行っている。

日本が自由な資本移動下、独自の金融政策を維持する上で為替が不安定化することは避けられない点ではある。

第3節　中央銀行と透明性

日銀法改正に先立って96年に出された中央銀行研究会報告書の題名は「中央銀行の改革—開かれた独立性を目指して—」であった。

中央銀行について独立性が正当化されるためには、その政策意図や手段、判断の基準が十分に示される必要がある。総裁は解任されないとしても民主主義の中で説明責任（アカウンタビリティ）を負う。また議論の過程を透明にすることにより政府からの圧力を明らかにして弱めることもできる。民主主義で選挙の洗礼を受けない中央銀行が独立性を享受するためには透明性を高めなければならないが、インフレ・ターゲティング政策はそうした要請にも適合するものであった。

近年では目標の独立性（インフレ目標等）と手段の独立性（国債購入等）を分けるケースも多い。

日銀法改正で政策委員会の議事要旨、議事録を作成し、公開することとなった。また、半年に一度、政策委員会の議決、業務状況について国会に報告書を提出することにもなった。旧日銀法では財務省に対する説明責任であった。

説明責任を果たすことは市場の信認を得るためにも必要である。市場の信認なくしては独立性を十分に享受することは出来ない。

既に新日銀法施行後の重要決定時、例えばゼロ金利解除、リーマン・ショック時、東日本大震災時などの際の決定会合の議事録が公開され、広く決定の経緯が知られている。

第 4 節　中央銀行と政府

日本銀行法第 4 条には日本銀行の通貨及び金融の調節が政府の行う経済政策の基本方針との整合的になるように十分な意思疎通をしなければならないとしている。

そのような中で中央銀行と政府が協定を結ぶ「アコード」という考え方がある。

元々は 20 世紀半ばに米国連邦準備銀行（FRB）と米国政府の間に結ばれた政策で第 2 次大戦後、さらに 1950 年に朝鮮戦争に参戦する過程において米国国債の価格維持を担わされていた FRB とトルーマン政権下の政府が「アコード」を結び、金融政策と国債価格維持政策を切り離すことになった。

日本では 2012 年 1 月に日本銀行が政府と出した共同声明「デフレ脱却と持続的な経済成長の実現のための政府・日本銀行の政策連携について」がアコードとされる。

これによればデフレからの早期脱却のために日本銀行は物価安定の目標を消費者物価前年比上昇率で 2% とすることが明記された。

そのために日本銀行が金融緩和を推進するとされている。

これに関してはその後に 2022 年に供給ショックや円安を主因とする消費者物価上昇率が前年比で 3% 台となったことを受けていくつかの批判や見直しの機運が出た。

主な批判点としては①消費者物価上昇率は 2% でよいのか、②消費者物価は総合を対象とすることでよいのか、③状況が変化しても金融緩和でよいのか、④経済財政諮問会議の検証を経て変更はなくてよいのか—などの点であり、アコードのあり方が問われた。

第 5 節　統合政府の考え方

2010 年代には先進各国で量的緩和（QE）がなされ、各国の中央銀行のバランスシートが負債側で現金と準備預金からなるマネタリー・ベースが増加し、資産側で特に中銀貸出が増加する必要がない場合に証券保有が増加した。特に財政赤字が大きい国では流通市場で購入した国債保有が増加していった。

そうした国々では出口戦略を実施する中でテーパリングや量的引締め（QT）が金利上昇を招き易く、政策当局も苦慮する状況にあった。

そうした中で 2010 年代終盤にかけて盛んに議論されたのが政府と中央銀行を一体とした統合政府という考え方である。

物価水準の財政理論（FTPL, The Fiscal Theory of Price Level）は統合政府の純負債を物価水準で割った統合政府の実質財政余剰を重視する。提唱者の名前を取りシムズ理論と呼ばれる。以前より検討され、多くの実証検証もなされたが、2016 年のカンザスシティ連邦準備銀行主催のジャクソンホー

ル会議で提唱者自ら触れたことで再注目された。

　現代貨幣理論（Modern Monetary Theory:MMT）で政府と中央銀行の統合勘定で政府の負債側の国債から中央銀行の資産側の国債を差し引いた市中国債の量が論じられた。

　統合政府のバランスシートの負債側では中央銀行の負債側のマネタリー・ベースに市中国債があり、これらを一体にして貨幣のように考える。

　国債の貨幣化とも言えるが、先述のマネー・ストック統計では広義流動性に国債を含む。

　2018年の米国議会の中間選挙での財政出動を求める勢力などから支持され、2020年の世界的なコロナ禍で財政拡張を求める各国で興味を集めた。

　しかしながら、理論体系の数式化がなされず、また基軸通貨国の米国や準基軸通貨国であるユーロ圏、その他の有力通貨国である日本や英国などでは状況が異なり、さらなる実証分析の蓄積も待たれる。

　統合政府という考え方の中では中央銀行の独立性は大幅に制限され、法的な整備も不可欠となる。そうした中、実現性は未だ高くないとは言えよう。

第12章　中央銀行と金融システム、新たな役割

　中央銀行は金融政策を担うと同時に信用秩序維持政策、プルーデンス政策と呼ばれる政策も担う。プルーデンス政策には金融システム維持と実体経済への悪影響を防ぐために個別金融機関の存続を超えて行うマクロ・プルーデンス政策と、個別の金融機関の金融システムへの影響を考慮して行うミクロ・プルーデンス政策がある。

第1節　中央銀行とプルーデンス政策

（1）中央銀行と「最後の貸し手」

　中央銀行は元々「最後の貸し手」として金融機関が潰れないように資金を供給することが期待されている。その意味で極めて深く金融システムに関与しているが、90年代の各国中銀の独立性向上の動きの中で金融監督機関と中央銀行を峻別する動きがあった。これは過剰な流動性の供給が70年代の一般物価上昇や80年代の日本の資産価格上昇を伴ったという教訓を配慮したものがある。

（2）近年のプルーデンス政策を巡る議論

　しかし、金融危機以降は資産デフレに直面し、その際の対応から中央銀行も金融システムに関与すべきとの意見が多くなりつつある。
　それまでは欧州を中心に中央銀行は金融監督と切り離す傾向が強まっていた。中央銀行が金融監督を受け持つと拡張的な金融政策が取られやすいというのがその理由である。

　こうした金融システム全体の安定を目的とするプルーデンス政策をマクロ・プルーデンス政策として個別金融機関に対するミクロ・プルーデンス政策と分離して考えるようになった。バーゼルⅢのプロシクリカル規制やレバレッジ規制にもマクロ・プルーデンス政策的色彩があり、今後も概念整理が必要である。

　金融政策とマクロ・プルーデンス政策は矛盾する時がある。金融政策上はインフレ率を低くするために金融を引き締めなくてはいけない時でも、金融機関が不安定な時には金融を緩和しなければならないからである。そうしたこともあり、マクロ・プルーデンス政策を発動する時には通常の金融政策として発動するかを峻別しやすくしている。

　日本銀行は 2020 年に地域金融強化のための特別当座預金制度を導入し、3 年間（2020-22 年度）の限定措置として地域金融機関の経営基盤強化をはかった業務粗利益に占める経費（OHR：Over Head Ratio）を一定程度削減したり、経営統合の判断をした地域金融機関に年 ＋0.1％ の特別付利を行うとした。こうしたこともあってか、金融機関の OHR が改善し、2021 年度には 228 金融機関が付利の対象となった。これもマクロ・プルーデンス政策である。

　他にも国内外の景気や金利状況によって金融機関の収益や自己資本比率がどうなるかなどのストレステストを行うなうようなこともマクロ・プルーデンス政策の一環として行われている。

　金融持ち株会社とその傘下にある保険、証券などより幅広い分野に中央銀行が監督権を持つべきという議論が世界金融危機後強まっている。米国のドッド・フランク法では金融システム上重要なところは対象になる。旧投資銀行が銀行持ち株会社から、再度投資銀行となっても監督対象としている。

　金融政策とミクロ・プルーデンス政策も矛盾することがある。中央銀行の出身者がいる銀行に対しての流動性供給に客観性がなくなる可能性がある。

　中央銀行が最後の貸し手機能を果たしたために中央銀行のバランスシートを悪化させることもある。日本銀行には日銀特融のように流動性不足に陥った銀行に対して「最後の貸し手」になる機能がある。山一證券に対する特融が 1997 年に行われたが、1,000 億円を超える金額が焦げ付くなど中央銀行のバランスシートを悪化させた。

　日本銀行が破綻金融機関に貸した資金は受け皿金融機関がある場合にはそこから返済される。また、預金保険機構から受け皿金融機関に資金が拠出されるが、日本銀行は預金保険機構に対して貸し付けを行う。

　出した資金が毀損した場合には中央銀行のバランスシートの悪化は通貨の信認を損ない、通貨価値の下落を招きかねない。すなわち対外的には通貨安、危機時には通貨危機、国内ではインフレ率の上昇を招きやすくなる。

　金融監督を受け持つにしろそうでないにしろ、金融監督機関が 2 つ以上の時は緊密な連絡が前提となっている。

（3）考査などの在り方

　日本銀行はミクロ・プルーデンス政策の一環としてオフサイトモニタリングや考査に関わっている。オフサイトモニタリングは立ち入りに至らなくても面談やヒアリングを行うものである。

　日銀法改正により日銀考査の法的根拠が明らかになる。これは「最後の貸し手」としての機能を持つために事前のチェックをする必要があるとの考えによる。

　日銀考査は個別行の状況を日ごろの決済の把握に加えて、資産の健全性を考査するとしている。金融庁の検査と重複するために考査を受ける側に負担感があり、日銀法 44 条では事務負担に考慮すべきとしている。あくまで金融庁検査の副次的なものにとどめるとしている。考査結果は検査担当に求めに応じて資料を提供することにもなっている。

考査先は金融機関（預金業務、為替取引を行う銀行など）、証券会社、証券金融会社、外国証券会社、短資会社。考査は行政権限の行使ではなく、契約に基づくもの。ただし、断った場合には外部に公表もあり得る。1か月以上前に通知し、大規模金融機関で3〜4週間、それ以外で2〜3週間かけて行われる。

なお、近年は金融機関の負担が競争力を弱める懸念もあり、金融庁と日本銀行の連携はより緊密となり、検査・考査連携会議が課長級で行われる他、金融モニタリング協議会が2021年6月から半年毎に行われ金融庁の局長とに日銀理事が出席する。さらに金融庁、日本銀行連絡会も半年毎か必要な都度開催され、金融庁長官、日銀副総裁が出席のもと金融システム、金融市場の情勢について意見交換を行う。

第2節　気候問題への対応

中央銀行がプルーデンス政策への対応を深める中、新たな役割として気候問題への対応が検討されている。2015年に採択されたパリ協定は産業革命前と比較した気温上昇を1.5℃に抑えるとして温室ガス削減を制限する方向に各国を導いた。

NGFS（Network for Greening the Financial System）気候変動リスク等に係る金融当局ネットワーク）が2017年12月に立ち上がると多くの中央銀行が参加した。2019年12月に日本銀行も加入した。

気候変動に関しては政府による炭素税課税、排出権取引市場活性化による市場の規律付けなどがあり、中央銀行として何が出来、既存の政策との整合性、独立性への影響などが、議論としてあるが、欧州を中心に実際に関与が始まっている。EUではコロナ禍からの回復過程で2019年12月に欧州グリーンディール政策を発表、2020年7月には欧州復興基金を創設し、94兆円の

予算をつけてグリーンリカバリーを支援した。ECB のラガルド総裁は繰り返し、ECB の支援と関与を表明した。非ユーロ圏ではスウェーデンのリクスバンクはグリーン・ボンドをいち早く購入するなど動きを早めた。EU を離脱した英国でも 2020 年 11 月にはグリーン産業革命を発表し、イングランド銀行は使命に脱炭素を加え、気候変動の影響のストレステストを行うなど積極的に関与している。

　出遅れた米国も FRB が金融安定気候委員会（FSCC）を設置した。

　日本銀行も 2021 年 7 月に気候変動対応を支援するための資金供給オペ（グリーンオペ）を決め、方向性を打ち出した。気候変動財務情報開示タスクフォース（TCFD）の提言する 4 項目（ガバナンス、戦略、リスク管理、指標・目標）および投融資の目標、実績を開示している金融機関に対して原則 1 年でゼロ金利で貸し付けるというものである。この制度を利用した投融資残高は 2022 年 3 月末で 3.96 兆円とほぼ 4 兆円に達する額となった。

　さらに、日銀考査やオフサイトモニタリングでも気候変動リスクを考慮するようになってきている。気候変動に関するストレステストも行っている。

　今後、日本銀行を初めとする中央銀行が気候問題に関与する度合いは強まると思われるが、その結果が個別企業や産業に影響を与えて、経済のミクロ配分的なところにどこまで中央銀行が関与するかという問題があり、議論を重ねている。

第Ⅲ部　規制と金融

第13章　金融規制とバーゼル規制

　金融については厳しい規制が課されてきた。ミネアポリス連銀のコリガン元総裁は1982年の年次報告で銀行が特別な存在である理由として①債務が譲渡可能な支払い手段であること、②流動性供給源、③金融政策波及経路——としての機能を持つとしている。こうした機能を確保するために金融規制当局は規制を課してきた。

第1節　銀行規制の必要性と流れ

　銀行の規制は本当に必要なのであろうか？どこまで規制するか、誰が統制するのかは現在の世界中の金融の最前線の問題である。

　銀行規制は競争環境を巡る金利規制や業態規制から発達し、それらが規制緩和される中で、リスクを適切に測定、管理するようなプルーデンス政策に主軸が移ってきている（注）。

　Barth et al（2006）によれば、公的利益を重視する立場（パブリック・インタレスト・ビュー）からは利子競争が投機的な証券投資や過剰貸出に結びつき、競争が広範なリスクをもたらせるとし、銀行の多方面金融展開が監視を難しくするとしている。また経営統合による大型化は政治的に力を持ち制御しにくくして、金融コングリマリットは競争を損ない金融分野の効率性を損なうが故に公的規制が必要としている。

　他方、民間の活動を重視する立場（プライベート・インタレスト・ビュー）からは規模や範囲の利益を損ない、個別行の工夫を損ない、収入の多様化を妨げるとして公的規制の有害性が指摘されている。またテクノロジーの進歩

は規制を脅かすために技術進歩を妨害するなどの弊害も指摘されている。

　現下の状況は民間の行き過ぎからパブリック・インタレスト・ビューが優勢。多角化のためには外部資金の調達を増やす（レバレッジを上げる＝自己資本比率は低くなる）ことが必要だが、自己資本比率規制などの規制を強め、このような動きを封じるのが流れとなっている。

第2節　バーゼルⅠ〜自己資本比率規制

　1980年代の中南米危機において銀行の過剰融資が明らかになり、1984年に米国のコンチネンタルイリノイ銀行の破たんが起き、自己資本の充実の必要性が明らかになった。また、邦銀も海外融資を強め、一時は地方銀行なども海外に支店を持ち、多くの融資を行ったために、海外において邦銀勢はオーバープレゼンスになった。

　1988年6月にBIS本部に事務局があるバーゼル銀行監督委員会（＊）によって「自己資本の測定と基準に関する国際的統一化」（自己資本規制）が決まる。

　（＊）ベルギー、カナダ、フランス、ドイツ、イタリア、日本、ルクセンブルク、オランダ、スペイン、スウェーデン、スイス、イギリス、アメリカのG10諸国の中央銀行総裁会議により1975年に設立

　国際的な競争条件を均等にするとともに、健全性の維持のために国際業務を行う銀行の自己資本比率を8％以上に保つように義務付けた。これをバーゼル委（BIS）自己資本規制という。バーゼル委員会で決まった規制でその後二次規制が決まったことからバーゼルⅠとも呼ばれる。

　バーゼル委の自己資本規制上の自己資本比率は通常の自己資本比率と異なり、リスクウェイトというウェイトで加重平均した資産（リスク・アセット）に対して、本源的資本（TierⅠ）と補完的資本（TierⅡ）、市場リスクのみ

をカバーする資本（Tier Ⅲ）を足し合わせた自己資本が8%を超えることとした。

ただし、Tier Ⅱと Tier Ⅲの自己資本算入額の上限は Tier Ⅰとして Tier Ⅰの充実を促した。

$$\frac{\text{Tier}\,Ⅰ + \text{Tier}\,Ⅱ + \text{Tier}\,Ⅲ - 控除項目}{リスクアセット} \geqq 8\%$$

Tier Ⅰは資本金、法定準備金、剰余金、非累積配当優先株、優先出資証券などである。

Tier Ⅱは一般貸倒引当金、有価証券含み益の45%、劣後ローン等

控除項目　銀行（金融機関）間で意図的に資本調達手段として保有したもので、日本では資本不足の銀行が生命保険などから劣後ローンを調達する動きが活発であった。

リスクアセットは各資産にリスクウェイトをかけて合計する。

主なリスクウェイトは以下の通りである。

0%―OECD 諸国政府向け債権

10%―政府関係機関向け、地方公共団体向け債権

20%―OECD 諸国の金融機関向け債権

50%―抵当権付き住宅ローン

100%―企業向け貸出、株式など

このため、リスクウェイトの重い資産から国債のようなリスクウェイトの軽い資産へのシフトが問題となった。

Tier Ⅱとはいえ、有価証券の含み益の参入が認められたために、当時バブル期を迎えていた日本では邦銀にバーゼルⅠが本格導入する93年3月の自己資本比率規制達成は楽観視されていた。しかし、バブル崩壊と不良債権処理、有価証券含み益の縮小は規制達成を困難にし、主要行は生命保険などから劣後性資産の調達を進めた。

第3節　早期是正措置と国内基準

　国内では国際業務を行わない銀行に対して別の基準の規制を設け、実施した。これは日本の金融庁（当時は大蔵省の一部）が定める早期是正措置の要件として決められて、株式の含み益などは算入出来ないものの、自己資本比率は4%以上で良いとされた。

$$\frac{基本的項目 + 補完的項目—控除項目}{リスクアセット} \geq 4\%$$

　日本は信用金庫や信用組合のような出資を原資とする金融機関が多く、いきなりバーゼル規制を適用するのに無理があることもあったが背景にある。

　早期是正措置と国内基準はバーゼルII、バーゼルIIIに準じて改定されており、国内基準の自己資本比率は改定後も4%以上のままとなっている。

　（注）他の産業にもかかる独占禁止法などによる規制は今でも残っている。例えば長崎県の親和銀行を傘下に持つふくおかフィナンシャルグループが十八銀行を取得しようとした際に、長崎県内のシェアが大きくなることから公正取引委員会が審査を行った。審査に2年を要したことから、地域金融機関の再編を促すために2020年に地域金融機関同士の経営統合に独占禁止法を適用しない特例法が施行され、地域金融の再編が優先されることになった。

　集中度を測る指標にハーフィンダール・インデックス（HHI）がある。例えば100%のシェアを持つ独占企業であれば $1 \times 100^2 = 10,000$ となる。1を満点とする表示もある。

　日本の公正取引委員会も参考にしており、2,500で一定の寡占度との参考にしている指数である。

第14章　バーゼル規制の進化と貸出

第1節　バーゼルⅡの導入

　当初のバーゼルの自己資本規制はクレジット・リスクと呼ばれる信用リスクを対象としたものだが、例えば企業向け貸出のリスクウェイトを信用力に関わりなく一律に100％とするなど批判も多かった。信用リスクの精緻化や市場の発達とそれに伴うリスク管理の向上などによるマーケット・リスクへの対応、業務の複雑化による事務ミスや不正といったオペレーショナル・リスクの概念の導入などにより新しい規制が求められた。

　そこで2006年12月期、邦銀は2007年3月期からバーゼルⅡという新しい規制が導入された。バーゼルⅡは1）信用リスクの精緻化、2）オペレーショナル・リスクへの対応、3）市場リスクへの対応などからなる。

　信用リスクの精緻化は格付け機関の格付けに応じて金融監督機関が定めたリスクウェイトを乗じる標準的手法と内部で格付けを行いそれに応じてリスクウェイトを乗じる内部格付け手法の2つの方法が可能になり、日本でもメガバンクなどは後者の方法になってきている。

　ただし、標準的手法は依頼格付けに限り、いわゆる勝手格付けと言われる非依頼格付けの利用は出来ないために先述のように勝手格付けの位置づけの低下と数の減少が起きた。格付け機関は依頼格付けかどうかを峻別できるように表記の際にわかりやすくするなどの工夫を施すようになった。

　オペレーショナル・リスクへの対応は専門部署の設置、リスクの定量化などが行われている。

（図表57）　バーゼル規制のリスクウェイトの比較

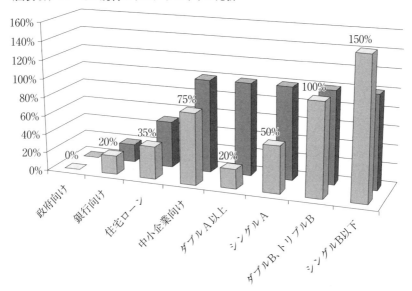

（出所）バーゼル委資料より筆者作成（前面がバーゼルⅡ、後面バーゼルⅠ）

　市場リスクへの対応は保有する証券固有のリスクと市場全体のリスクを合算して考慮する。

　バーゼルⅡは1）所要自己資本比率の維持、2）自己資本戦略、3）開示の充実―を三本の柱としている。

　第一の柱で自己資本が総リスクの8％を上回るように自己資本の維持を求め、第二の柱で金利リスク等のリスクにも備えることを促し、第三の柱で市場規律により活動を律するように促した。その後現在までバーゼルⅡに準拠して金融機関は行動しているが、世界金融危機の際の市場リスクへの対応が十分でないため改善の動きもある。

第2節　自己資本規制と貸出

　国際的に自己資本比率を意識するために貸出を抑制するような動きをキャ
ピタル・クランチ（Capital Crunch）と呼び、不良債権などが要因となるク
レジット・クランチ（Credit Crunch）と区別した。

　バーナンキ現FRB議長は1991年にニューイングランド州などを舞台に
銀行貸出や個別行の銀行貸出の伸びを自己資本比率で回帰し、自己資本比率
規制が銀行貸出の伸びに影響するキャピタル・クランチが存在したとした。
このようにいくつかの研究がバーゼルIの導入により貸出の伸びが鈍化した
とした。

　日本の90年代の貸出低迷は経済の落ち込み、不良債権による貸し渋りな
どが関係しているが、このバーゼルIの影響もいくつかの実証分析で確認さ
れている。

　その後のIT革新や金融技術の発展でリスクアセットを減らす貸出債権の
証券化が進み、ABSやMBSの市場が形成された。米国では移民による住宅
需要の増加と低所得層への住宅ローン、サブプライムローンの供給が進ん
だ。バーゼルIIで住宅ローンのリスクウェイトが50％から標準的手法で
35％まで下がったことも住宅ローン隆盛と証券化商品隆盛の誘因となった。
平均寿命が伸び、有利な運用を求める米国の個人や、証券化商品を欧州の金
融機関を通じて世界中に広がった。

　サブプライムローンの破たん、それに続く証券化商品市場の混乱からリー
マン・ショックが起き、それがさらに証券化商品の無価値化につながった。
各金融機関が赤字を出し、資本の部の利益剰余金を減少させたことにより自
己資本比率は減少した。リスクアセットのこれ以上の証券化は進まず、社債
市場が混乱する中でリスクウェイトも高い中小企業向け貸出などが後回しと

178

なった。

　金融機関は自己資本に算入できる優先出資証券などを発行して自己資本比率を保ったが、リスクアセットを拡大する余裕はなくなった。さらに欧米の金融監督機関は今回の金融危機が資産を拡大させ業容を拡大するために自己資本に比べて過大な負債を持つ、レバレッジの拡大に起因するとして、今まで自己資本に計算上算入を認めていた優先出資証券、非累積配当型優先株などを除いた普通株や内部留保等の真の資本ベースの自己資本比率規制を強めようとしている。そのために株価が下がることを覚悟で増資を続け、貸出を抑制するか、証券化市場が復活して証券化しないと自己資本比率は上昇しない。金融庁から貸出抑制をけん制される中で、自己資本比率向上策を求められている。こうした中でバーゼルⅢが2010年9月に発表された。

第3節　バーゼルⅢへの進化

　バーゼルⅢは従来の自己資本比率規制が景気循環を増幅させるという批判に応えて、景気の局面に応じて所要自己資本を増加させるなど、プロシクリカルと呼ばれる問題に対応した。また、リーマン・ショック後に流動性不足に悩む金融機関が見られたために、流動性リスクにも対応した。

　今日のより統合された国際金融界では大きな銀行に何かあれば各国の金融システムに影響を与える。銀行への公的資金の問題などで問題になるのも「大き過ぎて潰せない（Too Big to Fail」という TBTF 問題である。そうし

（図表58）バーゼルⅡとバーゼルⅢ

	コア自己資本			Tier I		自己資本比率		景気循環バッファー
	最低	余裕	必要	最低	必要	最低	必要	
バーゼルⅡ	2.0%			4.0%		8.0%		
バーゼルⅢ	4.5%	2.5%	7.0%	6.0%	8.5%	8.0%	10.5%	0-2.5%

（出所）BIS ホームページ

（図表 59）G—SIBs

G-SIBs　2021 年 11 月

ランク	バッファー	銀行名	ランク	バッファー	銀行名
5	3.5%	なし	1	1.0%	中国農業銀行
4	2.5%	JP モルガンチェース			ニューヨークメロン銀行
3	2.0%	BNP パリバ			クレディスイス
		シティグループ			BPCE グループ
		HSBC			クレディアグリコールグループ
2	1.5%	バンク・オブ・アメリカ			ING 銀行
		中国銀行			みずほ FG
		バークレイズ			モルガン・スタンレー
		中国建設銀行			ローヤルカナダ銀行
		ドイツ銀行			サンタンデール
		ゴールドマン・サックス			ソシエテ・ゼネラル
		中国工商銀行			スタンダード・チャータード
		三菱 UFJFG			ステート・ストリート
					三井住友 FG
					トロント・ドミニオン
					UBS
					ウニクレジット
					ウェルスファーゴ

（出所）バーゼル銀行監督委員会

た影響力のある銀行について国際的な活動や総資産、証券やデリバティブへの関与などを採点し、G-SIBs（Globally Systemically Important Banks）として公表され、その体力に応じて余裕を持って資本を積むように求められることになった。

　以前は欧米の銀行に日本の三メガバンクが入っている感じであったが、近年では中国の四大銀行や日本の三メガバンクが入るなどアジアの存在感も大きくなっている。

　G-SIBs は追加的資本賦課のみならず、損失吸収力も求められるようになり、より大きな義務を負うようになった。

　世界金融危機において利益を計上していても流動性不足に陥る金融機関があったことから、国際統一基準適用行に対して流動性カバレッジ比率

（Liquidity Coverage Ratio :LCR）と安定調達比率（Net Stable Funding Ratio :NSFR）2つの流動性規制が課された。各々は次のようになる。

$$LCR = \frac{適格流動資産}{30日のストレス期間の資金流出額}$$

$$NSFR = \frac{利用可能な安定調達額（資本＋預金・市場性調達）}{所要安定調達額（資産）}$$

大口与信規制も導入され、1つのグループに与信できるのは Tier I の25％以内となった。さらに G-SIBs が他の G-SIBs に与信できるのは連鎖危機を考慮して Tier I の15％以内となった。

バーゼルⅢの最終的適用はコロナ禍などで延期され、執筆現在、邦銀に適用されるのは2024年3月期の予定となっている。

バーゼル委員会の事務局がある BIS（国際決済銀行）は2020年1月に「グリーンスワンレポート」（Bolton et al（2020））を発表し、気候変動リスクが信用リスク、市場リスク、オペレーショナル・リスク、流動性リスク、さらには保険リスクといった各種金融リスクにつながることを示し、中央銀行や金融当局の積極的な対応を促した。

［BOX5］保険会社に関する規制

　銀行規制が課される中で機関投資家で大きな位置を占める保険会社に関しても規制が課されている。そのあり方は前述の銀行の規制の深化に応じて、保険の規制に大きな影響を与えた。しかし、銀行におけるリスクと保険に関してのリスクは異なる。例えばバーゼルⅡで考慮されたオペレーショナル・リスクも保険会社保険に関してはバーゼル合意のような統一的な基準でなく各々の地域で規制がなされてきた。

　欧州においては元々ソルベンシー（支払能力）規制が1970年代から存続していた。バーゼルⅡの影響を強く受けて、2016年には段階的に負債の経済価値も反映するソルベンシーⅡ規制にアップ・デートしている。

　米国でも保険会社の倒産などから1993年にRBC（Risk Based Capital）規制が導入された。2017年より責任準備金の一部に経済価値を考慮している。

　日本では1996年にソルベンシーマージン基準が導入された。99年4月からはこれによる早期是正措置が導入された。2012年に株式のリスクウェイトの改定などを経て続いている。

　日本における規制の算式は以下の通りである。特に97年以降に銀行や生保の経営破綻が相次ぎ、200％を切れば改善計画の提出が求められることから強く意識された。

$$\frac{ソルベンシーマージン総額}{（通常予想を超えるリスク \times (1/2)）} \geq 200\%$$

　通常の予想を超えるリスクとは株の大暴落、金利の低下、大災害による保険金支払い急増などである。これに対して純資産、価格変動金、危険準備金・以上危険準備金等を支払い予測マージンという。

　世界金融危機の中で金融安定化フォーラム（FSF）は2009年により対象

を広げた金融安定化理事会（FSB）に再編された。バーゼル銀行監督委員会とともに FSB の傘下にある保険監督者国際機構（IAIS）は保険会社の資産・負債の経済価値や各種リスクを評価した基準を導入する過程にある。

またバーゼル銀行監督委員会が G-SIBs を選定するように G-SII（Global Systematically Insurance Insurers）を選定する。これらの企業には再建破綻処理計画の策定が義務付けられる。

我が国の保険会社は国債、株式の大口保有者であり、規制のあり方は我が国の金融市場や国の財政に大きな影響を与える。慎重な見直し作業が行われている。

第Ⅳ部　機能と金融

第15章　貸出の証券化とその影響

第1節　証券化の進展

（1）証券化を巡る経緯

　先に学んだように証券には負債となる債券や資本となる株式がある。そして2000年代に急速に増加したのが、債権譲渡ファイナンスの一形態であり、資産の中の一部を証券化した資産担保証券（ABS）、それらを裏付けとした証券化商品がある。この資産サイドの証券化がこの2007年のサブプライムローン問題を契機とする世界金融危機を起こした。

　証券化は資産を保有する主体から特別目的事業体（SPV）に資産を移し、SPVがそこから生まれるキャッシュ・フローを裏付けとする証券を発行して売却するようなスキームを用いる。

　米国の歴代政権にとり、ベビーブーマーが住宅を持ち始めた1960年代後半以降、住宅金融が発達し、住宅ローンの証券化をするファニー・メイ（連邦住宅抵当公庫）、フレディ・マック（連邦住宅抵当貸付公社）といった政府支援企業（GSE）やS&L（貯蓄貸付組合）が住宅金融を促進した。S&Lは住宅ローンを扱う機関として規制金利体制下でも優遇されていたが、金利の自由化が進み、S&L自体の運用の失敗もあり、多くのS&Lの経営が行き詰った。そのため処理機関としてRTC（整理信託公社）が設けられ、S&Lの破綻処理や資産売却を行った。その後、ノンバンクなどの住宅金融での重みが増加した。2000年代初頭にITバブルが崩壊したことにより、金融緩和が続いた。世界的な低金利の中で相対的に金利が高い証券化商品に国を超え

（図表60）米国と地域別の人口（万人）

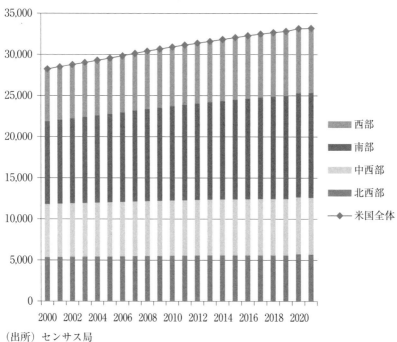

（出所）センサス局

た需要があった。

　この時期には年間300万人のペースで人口が増加しており、2005年にか
けて住宅ブームとなった。資産高騰や政府支援会社の不正会計問題、バーゼ
ル自己資本規制の影響もあり、民間での資産証券化の機運が高まった。

（2）証券化の進展

　ローンやリースなどを裏付けとした証券化の際に発行される証券資産を担
保とする証券をABS（資産担保証券）と呼ぶが広義のABSの代表例が
RMBS（住宅ローン担保証券）である。これに対して商業不動産向けローン
を担保とした証券はCMBSという。他にもカードローンや学生ローン、住

宅価格の含み益を裏付けとしたホームエクイティローンや自動車ローンなどが証券化された。SPC（特別目的会社）が流動化した CP の ABCP もある。

　これらの証券化商品などを複数集めて裏付け資産としたのが債務担保証券（CDO）である。このような 2 次証券化が広く行われた。さらに CDO を集めた CDO^2（CDO スクウェア）など際限ない証券化が行われた。

　再証券化の問題点は自己増殖性と原資産の動きとの乖離にある。RMBS が 2005 年にピークアウトしたのに対して、CDO は 2007 年になってもなお売れていた。キャッシュ・フローを仕切る入れ物になるトランシェは信用の上のものからシニア、メザニン、エクイティとなるが、異なる信用のトランシェを組み合わせることでより上位のトランシェを多く生み出すなど増殖しやすい構造にある。

　社債や株式が企業の信用を背景としているのに対して資産担保証券は特定の資産のキャッシュ・フローのみが裏付けになる。歴史も浅くデータの蓄積も浅いので同じ格付け機関の格付けでも企業の格付けとは異なり信頼度の高い格付けはできない部分がある。

　そこで格付け機関も通常の信用格付けと証券化商品などの格付けの表記を分けることなどをしている。証券化の際に相談に乗った格付け機関が証券化後に格付けを行うなどの利益相反が起きないように、利益相反について厳しく監督されるようになった。

　米国では先述のように GSE であるファニー・メイ、フレディ・マックを中心に住宅金融を支援してきた。その後、GSE の不正会計事件もあり、民間機関での住宅ローンの証券化が進み GSE をしのぐまでになった。

　しかし、サブプライムローン問題が顕在化し、リーマン・ショック後に証券化商品市場が麻痺すると民間金融機関の発行は止まり、ファニー・メイ、フレディ・マックの GSE も公的資金を投入せざるを得ないなど厳しい状況にあった。

（図表61）証券化と貸借対照表

第2節　日本の証券化

　日本では1996年にはABSが発売されていたものの、証券化商品市場は小さい。そしてそのほとんどが住宅金融支援機構によるものであった。先述のように住宅支援機構のRMBSは財投機関債に入る。

　民間で証券化商品を発行する機運に乏しかったが、クレジットカード債権の証券化など一定の証券化は行われている。

　日本銀行の量的質的緩和で様々なリスク性資産の買取が始まると組成コストの高い証券化商品は割高となり買われなくなったという指摘もある。

　近年は日本国内の証券化が低迷する中で米国での証券化商品であるCLO（ローン担保証券）を邦銀が大量に保有し、2桁台のシェアの保有比率となっている。

　米国CLOの原資産であるレバレッジドローンにおいてコベナンツ（財務制限条項）の劣化が起きれば影響が懸念される。

（図表 62）日本の証券化（件数、10 億円）

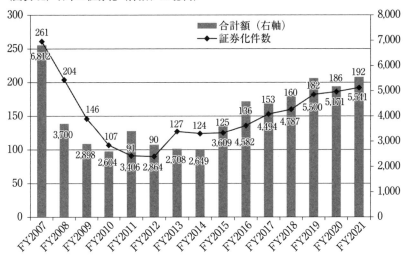

（出所）：日本証券業協会 HP（JSDA）

第16章　フィンテックの進展と金融のデジタル化

第1節　フィンテックの進展

　19世紀半ば以降中央銀行は貨幣鋳造権を独占してきたが、フリードリヒ・ハイエクは「貨幣の脱国営化論」（1976）で民間企業が貨幣を発行するメリットを主張した。

　2000年代になるとプリペイドカード型電子マネーが出現し、2010年代にはフィンテックが進展し、QRコード型電子マネーや後述の暗号資産など民間による貨幣が出現、普及した。

　フィンテックとはフィナンシャルとテクノロジーを組み合わせた造語である。

　日本は銀行口座普及率が高く、銀行支店が全国にあり、またクレジットカード加盟店の手数料が高いこともあり、キャッシュレス比率が低かった。

　その他、交通系、流通系の電子マネーが先行したが、ITプラットフォーマーの決済業務への進出やスマートフォンの普及、QR決済に慣れ親しんだ

（図表63）キャッシュレス支払内訳（2020年9月）

大別	細目	保有率
カード	クレジットカード	82%
	デビッドカード	24%
	交通系電子マネー	58%
	非交通系電子マネー	52%
	プリペイドカード	33%
モバイル	非接触決済アプリ	25%
	コード読取決済アプリ	54%

（出所）キャッシュレス推進協議会

インバウンド消費の旺盛化によりモバイルアプリによる決済が日本でも盛んになってきた。

中国のプラットフォーマーであるアリババ系やテンセント系のアリペイやウィチャットペイの決済に占める比率が急上昇し、ピーク時には年間3000万人台の訪日外国人がある中で日本の対応の必要性を高めた。

アントグループは決済業務を入口に信用業務や融資業務にまで進出したために、既存の銀行に対する規制との関連などが問題となった。

第2節　デジタルマネーの進化

他方、その間に仮想通貨が普及した。技術的なブレークスルーになったのはブロックチェーンである。代表的な仮想通貨であるビットコインなどブロックチェーンを用いた分散型金融が広がりを見せた。特にギリシャ危機が

（図表63）ビットコインの取引の仕組み

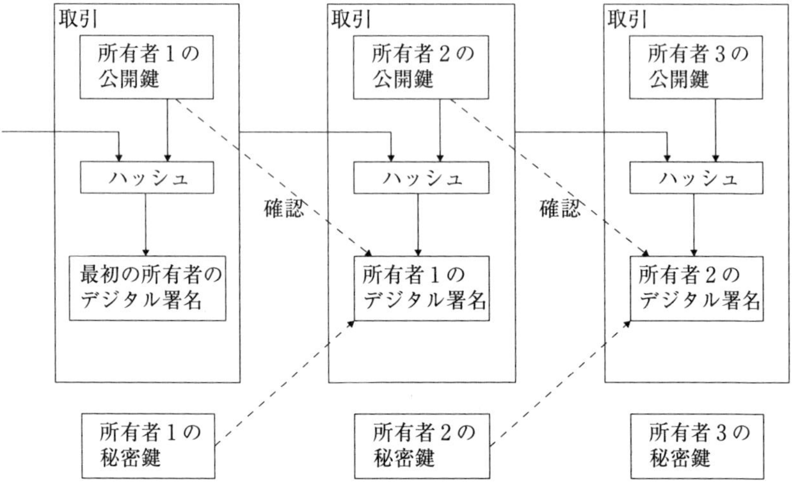

（出所）Satoshi Nakamoto "Bitcoin: A Peer-to-Peer Electronic Cash System" より

2013 年に欧州の多くの資金の逃避先であるキプロスに波及した際の処理で預金者負担が求められる中で避難先としてビットコインが注目された。その起源にもなったナカモトサトシ名の論文の中で仕組みが示され、世界中に広がった。

　他にもイーサリアムなど多くの種類の仮想通貨が普及したが、通貨としては価値の変化が大きすぎ、通貨としての要件を満たさない点があるために暗号資産とも呼ばれる。

　そのため 2019 年には Facebook（その後 Meta に改名）が Libra（その後 Diem に改名）と呼ばれる裏付け資産に安定資産を持つ暗号資産のステーブルコインを発表し、ステーブルコインへの関心が強まったが、これも安定していない。相場混乱時にアルゴリズムが安定せず、実際にはステーブルでないために関係業者の倒産なども生じ、信頼性に課題を残し、信頼もまだ得ていない。

　しかし、デジタル通貨である暗号資産の隆盛は中央銀行・政府の貨幣発行益（シニョレッジ）（注）を奪いかねず、特に自国通貨が不安定である国は中央銀行デジタル通貨（CBDC）の導入検討を急いだ。カンボジアやパナマで先行導入され、中国、スウェーデンの分析が進んだ。

　Rogoff（2022）はこれに関して円、ドル、ユーロ、人民元といった主要な通貨を発行する中央銀行と小国の中央銀行では全く立場が違うという見解を示している。

　CBDC は汎用性があり、どこででも使えることで他のキャッシュレスの手段と異なり、店舗側に手数料もかからない。安全性、安定性に優れる。さらにオフラインでも使えるものもあり、マイニングなど環境負荷をかけるようなことも必要ないために、一度普及すれば、紙の通貨をしのぐ可能性がある。

　反面、民間キャッシュレス業者の圧迫、限度額を設けない場合に金融仲介

機能に影響、プライバシーの保護などの問題がある。また、発行額が大きくなれば銀行を介さない取引が増加し、銀行経営に負の影響を与えることも予想され、一定規模に絞り発行することも検討されている。デジタルマネー全体の法整備、CBDC を発行する中銀法の整備などやらなければいけないことも多い。

（NFT）

ブロックチェーンと仮想通貨の発展は NFT（Non-Fungible Token：代替不能のトークン）の市場をも発達させた。イーサリアムなど仮想通貨を扱う業者などが関与している。ゲームやアート、不動産などに適用されたことで注目され、2022 年のウクライナ紛争などでもウクライナ国旗の NFT が資金調達に用いられた。ふるさと納税の返礼品に使われるなど様々な可能性が指摘されている。決済に仮想通貨が用いられることも、その将来がデジタルマネーの将来にも影響しよう。

（注）

シニョレッジは実質的な貨幣の増加が政府・中銀の収入になることを示していて t 期の貨幣ストックを M_t、物価水準を P_t とした時に

$$\frac{\Delta M t}{P t} = \frac{\Delta M t}{M t} \times \frac{M t}{P t}$$

となり、貨幣の増加率に実質マネー・ストックを乗じたものが収入となるので、政府・中銀には貨幣を増やす誘因があることを示している。

ベイリー曲線は縦軸にシニョレッジ、横軸のインフレ率をとったもので、どのようなインフレ率ならばシニョレッジがどうなるかを示したものである。

（図表65）ベイリー曲線

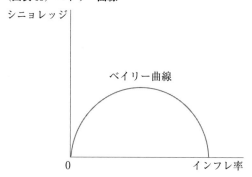

（出所）Bailey（1956）他

〈参考文献〉

青木達彦編「金融脆弱性と不安定性」日本経済評論社（1995）

浅野幸弘、宮脇卓「資産運用の理論と実際」中央経済社（1999）

伊藤隆敏、トーマス・カーギル、マイケル・ハッチソン著「金融政策の政治経済学」上下巻　東洋経済新報社（2002）

伊藤隆康「長期金利と中央銀行―日本における金利の期間構造分析」日本評論社（2005）

伊藤元重「マクロ経済学　第2版」日本評論社（2012）

井上哲也「マクロ・プルーデンス政策にかかる最新の考え方や監督規制の動向」『金融庁金融センター DP2013 - 9』（2014）

井上智洋『MMT―現代貨幣理論とは何か』講談社選書メチエ（2019）

植杉威一郎「中小企業金融の経済学　金融機関の役割　政府の役割」日本経済新聞出版社（2022）

植田健一「金融システムの経済学」日本評論社（2022）

内田浩史「金融機能と銀行業の経済分析」日本経済新聞社（2010）

宇南山卓、米田泰隆「日本の『家計調査』と『国民経済計算（SNA)』における家計貯蓄率の乖離」財務相財務総合研究所「フィナンシャル・レビュー」134号 pp.191-206（2018）

大久保隆「マネーサプライと金融政策―理論と実証」東洋経済新報社（1983）

大塚茂晃「日本預金保険制度の経済学」蒼天社出版（2018）

小川雅弘「国民経済計算 SNA 方式における国内・国民概念について」大阪経大論集第 67 巻第 1 号（2016）

小佐野広「コーポレートガバナンスの経済学―金融契約理論からみた企業論」日本経済新聞社（2001）

外国為替審議会「21 世紀に向けた円の国際化―世界の経済・金融情勢の変

化と日本の対応」(1999)

桂昭政「国民経済計算における銀行業、保険業の算出（生産額）測定研究序説」桃山学院大学総合研究所研究叢書 29（2014）

加藤寛、黒川和美「政府の経済学」有斐閣（1987）

加藤寛、山同陽一「郵貯は崩壊する一頭取のいない『国家銀行』のゆくえ」ダイヤモンド社（1984）

川北英隆「株式・債券投資の実証的分析」中央経済社（2008）

川北英隆「テキスト株式・債券投資第 2 版」中央経済社（2010）

川北英隆「日本の株式市場と株価指数の役割再考」、証券アナリストジャーナル 2023 年 2 月号、pp.56-66（2023）

川北英隆編著、桑木小恵子、渋谷陽一郎、高橋智彦著「証券化—新たな使命とリスクの検証」金融財政事情研究会（2012）

川北英隆、白須洋子、山本真一編著「株式の長期投資」中央経済社（2010）

川又新一郎「郵便貯金の効率性」拓殖大学論集　政治・経済・法律研究、第 14 巻、第 2 号（2012）

神作裕之「フィデューシャリー・デューティーと利益相反」岩波書店（2019）

刈谷武昭「計量経済分析の考え方と実際」東洋経済新報社（1986）

監査法人トーマツ金融インダストリーグループ「バーゼル II 対応のすべて」金融財政事情研究会（2008）

管正弘「マイクロファイナンス」中央公論新社（2009）

金融庁、日本銀行「新 BIS 規制案の概要」金融庁 HP（2004）

金融庁、日本銀行「流動性規制（流動性カバレッジ比率）に関するバーゼル III テキスト公表」金融庁 HP（2013）

金融庁、日本銀行「安定調達比率（Net Stable Funding Ratio :NSFR）最終規制の概要」金融庁 HP（2015）

金融庁「経済価値ベースのソルベンシー規制に関する基本的な内容の暫定決

定について」金融庁 HP（2022）

金融庁「日本版スクーク（イスラム債）に係る税制措置 Q&A」金融庁 HP
（2022）

黒沢義孝「経済は格付けで動く」中央経済社（2011）

黒田晃生『金融政策の話』日本経済新聞社（1989）

小藤康夫「日本の金融システム」創成社（2019）

齊藤誠、岩本康志、太田聰一、柴田章久「新版　マクロ経済学」有斐閣（2016）

財務省「財政投融資リポート 2021」
（https://www.mof.go.jp/policy/filp/publication/filp_report/zaito2021/
index.html）

酒井良清・鹿野嘉昭「金融システム　第 4 版」有斐閣アルマ（2011）

榊原茂樹・菊池誠一・新井富雄・太田浩司「現代の財務管理　新版」有斐閣
アルマ（2011）

櫻川昌哉「バブルの経済理論　低金利、長期停滞、金融劣化」日本経済新聞
出版社（2021）

白川方明「現代の金融政策」日本経済新聞出版社（2008）

鷲見英司「民営化・競争政策」、川野辺裕幸、中村まづる編「公共選択論」
勁草書房第 4 章（2022）

生命保険文化センター研究会報告書「国際的保険グループの監督規制」
（https://www.jili.or.jp/workshop/report/1094.html）（2013）

高橋智彦「期待実質金利は高め　残る追加利下げ余地　機動的金融政策が必
要」日経金融新聞マンデー教室 1993 年 3 月 8 日（1993）

高橋智彦「金融ビッグバンの経済的側面」、ニッセイ基礎研究所所報
pp. 21-53（1998）

高橋智彦「改正日銀法と中央銀行の独立性」勁草書房「公共選択の研究」第
34 巻（2000）

高橋智彦「銀行貸出と不良債権」東北大学研究年報「経済学」64 巻 2 号、pp. 151-166（2002）

高橋智彦「巨大経営統合を考慮した銀行の効率性について」日本金融・証券計量・工学学会「ジャフィージャーナル」pp. 23-47（2003）

高橋智彦、「生保一般勘定運用のリスク管理・ALM」、日本経営工学会「経営システム 13」2004 年 7 月、pp. 95-99（2004）

高橋智彦「地方銀行の効率性―公共選択的見地から見た指定金融機関問題など」拓殖大学地方政治行政研究 12 巻、pp. 1-13（2021）

高橋智彦「中央銀行と金融政策」、川野辺裕幸、中村まづる編「公共選択論」勁草書房第 6 章（2022）

高橋正彦「証券化と債権譲渡ファイナンス」NTT 出版（2015）

武井一浩「コーポレート・　ガバナンス　コードの実践」（改訂版）日経 BP 社（2018）

田中周二「保険リスクマネジメント」日本評論社（2018）

田中英隆、石渡明「格付―価値の再認識と広がる投資戦略」日本経済新聞出版社（2016）

谷本寛治「SRI 社会的責任投資入門」日本経済新聞社（2003）

中央銀行デジタル通貨に関する連絡協議会「中間整理」（2022）

辻村雅子、辻村和佑「マクロ経済統計と構造分析」慶應義塾大学出版会（2021）

東京都「国際金融都市・東京」構想 2.0（2021）

徳島勝幸「現代社債投資の実務　社債市場の現在を考える」第 3 版、財経詳報社（2008）

トマ・ピケティ著、山形宏生、守岡桜、森本正史訳「21 世紀の資本」みすず書房（2014）

豊田利久「インフレーション：インフレ期待形成とフィリップス曲線」東京大学出版会「日本経済のマクロ分析」所収（1987）

内閣府経済社会総合研究所国民経済計算部「国民経済計算推計手法解説書」
（年次推計編）2015 年（平成 27 年）基準版改訂版（2021）

内閣府経済社会総合研究所国民経済計算部「2008 SNA に対応した我が国国
民経済計算について」平成 23 年基準版初版（2016）

中曽宏「最後の防衛戦　危機と日本銀行」日本経済新聞出版社（2022）

中谷巌「入門マクロ経済学」日本評論社（1981）

中村洋一「SNA と産業連関表—日本における SNA-IO 体系に向けて」産業
連関 17 巻 3 号、pp.16-29（2009）．

中村亮一「ソルベンシー規制の国際動向」保険毎日新聞社（2020）

日本銀行「『地域金融強化のための特別預金制度』の導入について」（2020）

日本銀行企画局「気候変動を支援するための資金供給オペレーション基本要
領の制定等について」（2021）

日本銀行金融機構局「金融システムレポート」2022 年 10 月

日本銀行金融市場局　小野伸和、澤田恒河、土川顕「レポ市場のさらなる発
展に向けて」日銀レビュー 2015 年 3 月

日本銀行国際局「国際収支関連統計の見直しについて」2013 年 10 月

日本銀行調査統計課金融統計グループ「2008SNA を踏まえた資金循環統計
見直しの勘所」、日銀レビュー 2016-J-8（2016）

日本銀行調査統計局「マネーストック統計の FAQ」（2021）

日本銀行調査統計局「資金循環勘定の解説」（2022）

日本経済新聞　「ESG 投資」日本経済新聞出版社（2017）

日本証券業協会「NISA 概論」東洋経済新報社（2019）

日本証券業協会金融・証券教育支援センター「金融経済教育の課題と展開」
（2021）

日本証券経済研究所「図説　日本の証券市場 2022 年版」（2022）

信田強「スラッファの不変の価値尺度の批判的検討（1）」拓殖大学政治・経

済・法律研究 Vol5 No.3, pp.47-68（2003）

信田強「現代経済学の構想」（第 2 版）日本評論社（2012）

バロー,R.J. 著、谷内満訳「マクロ経済学」多賀出版（1987）

ブランシャール，O.，鴇田忠彦、知野哲郎、中泉真樹、中山徳良、渡辺愼一
　訳「マクロ経済学」東洋経済新報社（1999）

秀島弘高「バーゼル委員会の舞台裏」金融財政事情研究会（2021）

廣瀬和貞「アートとしての信用格付け　その技法と現実」金融財政事情研究
　会（2022）

菱山泉「スラッファ経済学の現代的評価」福井県立大学研究叢書（1993）.

福田慎一「価格変動のマクロ経済学」東京大学出版会（1995）

藤井良広「金融 NPO」岩波新書（2007）

藤木裕「金融市場と中央銀行」東洋経済新報社（1998）

星岳雄、A カシャップ著「日本金融システム進化論」日本経済新聞出版社
　（2006）

三木谷良一、石垣健一「中央銀行の独立性」東洋経済新報社（1998）

宮野谷篤「日本銀行の金融調節の枠組み」日本銀行ワーキングペーパー（2000）

吉井一洋、古頭久志「よくわかる新 BIS 規制」金融財政事情研究会（2007）

吉井一洋他「バーゼル規制の実務」金融財政事情研究会（2019）

吉田悦章「イスラム金融」東洋経済新報社（2007）

米沢康博「株式市場の経済学」日本経済新聞社（1995）

Bailey, M. J., "The Welfare Cost of Inflationary Finance" The Journal of
　Political Economy Vol. LX1V. No. 2, pp.93-110.（1956）

Barth, J. A., Caprio, G., Levine, R., "Rethinking Bank Regulation"
　Cambridge（2006）

Bernanke, Ben S., and Cara S. Lown. "The Credit Crunch." Brookings

Paper on Economic Activity, 2:1991, pp. 205-247. (1991)

Bernanke, Ben S., "Asset-price "Bubbles" and Monetary Policy" Remarks as Governor of FRB, October 15, 2002 (https://www.federalreserve.gov/boarddocs/speeches/2002/20021015/default.htm)

Bolton, P., Despres, M., Silva, L, A, P, Samama, F. Svartzman, V, "The green swan – Central banking and financial stability in the age of climate change", Bank for international Settlements (2020)

Busch, A., "Banking Regulation and Grobalization" Oxford (2008)

Carlson, J. A., Parkin, M., "Inflation Expectations", Economica Vol.42, No.166 (1975)

Corrigan, E. G., "Why banks Special?" Federal Reserve Bank of Minneapolis Annual Report (1982)

Cukierman, A., Webb, S. B., Neyapti, B., "Measuring the Independence of Central Banks and Its Effect on Policy Outcomes," The World Bank Economic Review vol6, pp.353-398. (1992)

Dicau, S., Volz, U., "Central Bank Mandates, Sustainability Objectives and the Promotion of Green Finance" SOAS Working Paper No.232. (2020)

Grilli, V., Masciandaro, D., Tabellini., G. "Political and monetary institutions and public financial policies in the industrial countries." Economic Policy, October, 1991, pp. 341-392. (1991)

Giulia Mennillo, "Credit Rating Agencies" Agenda (2022)

Haynes, M., Thompson, S. "The productivity effects of bank mergers: Evidence from the UK building societies." Journal of Banking and Finance vol 23, Issue 5, pp. 825-846. (1999)

Hayek, F., "Denationalization of Money The argument refined (1976) (河口慎二訳『貨幣自由化発行論 改訂版』, 日経 BP, 2020 年).

Himino, R. "The Japanese Bnking Crisis", palgrave (2021)

Hoshi, T., Kashyap, A, "Zombie lending and depressed restructuring in Japan", American economic review (2008)

Hughes, J. P. and Mester,L.J. "Bank Capitalization and Cost: Evidence of Scale Economies in Risk Management and Signaling." The Review of Economics and Statistics, vol 80, no 2, pp. 314-325. (1998)

Moody 's, "General Principles for Assessing Environmental, Social and Governance Risks Methodology" ムーディーズホームページ (2019)

Nakamoto, S. "Bitcoin: A Peer-to-Peer Electronic Cash System", (https://bitcoin.org/bitcoin.pdf). (2008)

Rommeli, D., "The political economy reforms in Central Bank design: evidence from a new dataset", Economic Policy 2022, Oxford Academic pp.1-48 (2022)

Rogoff, K., "Institutional Innovation and Central Bank Independence 2.0", Mayekawa lecture, Bank of Japan May 25, 2022 (2022)

Roubini, N., Mihm, S., "Crisis Economics : A Crash Course in the Future of Finance", The Penguin Press (2010)

Sraffa, P., "Production of Commodities by means of Commodities -Prelude to a critique of Economic theory-", Cambrige University Press (1960)

Stiglitz, J. E., and Weiss, A. "Credit Rationing in Markets with Imperfect Information" American Economic Review, vol 71, pp.393-410. (1981)

Takahashi, T., "The Japanese lesson for banking under zero and negative interest rate", The Journal of Money and Banking-Bančni vestnik, Vol.65, No.11, pp53-58. (2016)

Yunus, M., "Banker to the Poor" Public Affairs (2003)

用語集（一部文中との重複、文中にない関連用語含む）

・**ABS　資産担保証券**　ローンやリースなどを裏付けとした証券化の際に発行される証券

　広義には MBS など様々なものを含む。

・**BIS　国際決済銀行**　第一次大戦後、独の賠償金支払い管理をしていた機関で第二次大戦後解体論もあったが、国際的な金融システムの維持に関与している機関

・**CDO　債務担保証券**　社債や貸出債権の証券化商品から構成される二次証券化商品

・**CSR　企業の社会的責任（Corporate Social Responsibility）。**　経営活動の過程に社会的責任や環境に配慮しているかの説明責任が生じており、今日企業が作成する CSR 報告書は投資材料として重視されている。

・**MBS　住宅ローン担保証券**　ABS の一種で住宅ローンを裏付けとする証券化証券。RMBS　は居住用、CMBS は商業用ローンを裏付けとする。

・**MMF　マネーマーケットファンド**　公社債や短期金融資産など低リスクのものに投資を行い、安定した収益を目指すファンド。

・**PRI　責任投資原則**　持続可能なシステム達成課題に取り組むものに投資、協働、報告を行う原則。

・**SNA　国民経済計算**　国際連合の定めた国民統計整備のルールで定められた年に応じて 53SNA、68SNA、93SNA、2008SNA などと言われる。68SNA 下までの国民所得は GNP（国民総生産）中心であったが、93SNA 以降では GDP（国内総生産）中心となっている。2008SNA で R&D などが設備投資に経常されるようになった。

・**SPC　特定目的会社**　証券化や不動産投資など限られた目的のために作られる会社

・**インタレストカバレッジレシオ**　（営業利益＋受取利息＋受取配当金）を
（支払利息＋割引料）で除したもの

・**オープン型投資信託**　いつでも追加購入や解約が可能な契約の投資信託

・**オルタナティブ投資**　株式、債券など伝統的な投資に対して代替的な投
資。ヘッジファンドやプライベート・エクイティなどに代表される。

・**金融債**　かつての長信銀、政府系の銀行が資金調達のために発行すること
が認められている債券。

・**クローズ型投資信託**　ユニット型ともいい、ファンドの購入期間が定めら
れており、追加購入も制限されている。

・**経常収支**　貿易収支＋サービス収支＋第一次所得収支＋第二次所得収支か
らなる。

・**現先取引**　所定期間後に所定価格（金利）で買い（売り）戻す約定をする
取引

・**ジャクソンホール会議**　カンザス連銀が年1回開催する会議でFRBの議
長、副議長、理事、各連銀の議長、各国中央銀行の要人、経済学者などが招
かれ議論をする場となっている。近未来の政策を理論付けする場として市場
の注目度も年々上昇している。

・**第一次所得収支**　海外との利子、配当、技術料などのやりとりの収支。
IMFの第5次基準では所得収支と言われていたが、第6次基準からこの名
称となった。

・**第二次所得収支**　海外労働者の送金や国や国際機関からの援助などを計上
する。IMFの第5次基準では移転収支と言われていたが、第6次基準から
この名称となった。

・**地方債**　地方が会計年度を超えて資金調達する時の債務。公募の地方債の
他に銀行等引受債（旧称　縁故債）などがある。後者は指定金融機関などが
請け負い、公募よりも高い金利となることが一般的である。

・**直接投資**　IMF は親会社が投資先企業の議決権の 10% 以上を保有する場合、これに相当する場合を直接投資と定義。国内に受け入れる場合を対内直接投資、他国に行う場合を対外直接投資という。対外直接投資は一般に FDI で世界中に通用する。

・**フラット 35**　住宅金融支援機構と民間金融機関が提携した全期間固定の住宅ローン。

・**ミューチュアルファンド**　いつでも解約できるオープン型投資信託で米国では多くが投資法人を設立して募集されている。

あとがきと謝辞

　はじめに出版を快諾して頂いた国際書院石井彰代表取締役に御礼を申し上げる。

　筆者が本稿を執筆するに至るまでに多くの方々のお世話になっている。

　大学時代のゼミの指導教官である故加藤寛慶應義塾大学名誉教授、大学院博士前期課程の指導教官だった米澤康博元筑波大学教授（早稲田大学名誉教授）、博士後期課程の指導教官である故木村雄偉筑波大学教授、同教授が亡くなった後に学際的な筆者の論文を集団で指導して下さった小倉昇元筑波大学教授（青山学院大学名誉教授）、鈴木久敏筑波大学名誉教授（元副学長）、椿広計筑波大学元教授（統計数理研究所長）らの学恩に加え、職場の上司として川北英隆京都大学名誉教授や旧経済企画庁のエコノミスト、歴代財務官の指導を受ける機会に恵まれ、その片鱗でも反映できれば幸いである。もちろんあり得る全ての誤りは筆者に帰するものである。

　拓殖大学の政経学部・大学院経済学研究科の教員、学生には日頃より多くの刺激を受け、さらに日本アクチュアリー協会での金融システムの講義開始において事務局の明治安田生命の越後谷斉一氏には多くの要望を頂き社会人の最新のニーズを知ることが出来た。厚く御礼申し上げる。本書が授業、金融リテラシー向上や資格試験の勉強に役立てば幸いである。

　農学者だった父、高橋和彦は絶筆となった遺作に「次代への贈り物」と書き記した。当時社会人として入社直後だった私には重い宿題となったが、紆余曲折を経て学者の末端に加わり本書を執筆している。当時の私と同世代となった2人の息子達に本書を捧げたい。

索引

筆者紹介

高橋　智彦（たかはし・ともひこ）

1963 年生まれ、1987 年慶應義塾大学経済学部卒業、日本生命保険に入社
日本経済研究センター、ニッセイ基礎研究所、ニッセイアセットマネジメント、
国際金融情報センター派遣・出向を経て、退社（退職時財務審査役）。2009 年よ
り拓殖大学政経学部教授、政治経済研究所長、大学院経済学研究科委員長を歴任。
筑波大学博士（経営学）、CMA、CIIA、AFP。
学外にて日本アクチュアリー協会基礎講座講師、日本証券アナリスト協会国際試
験委員、日本格付研究所監督委員会独立委員を務める。
著書　川北英隆編著・桑木小恵子・渋谷陽一郎・高橋智彦『証券化　新たな使命
とリスクの検証』金融財政事情研究会（2012）など

経済主体の日本金融論

編者　高橋智彦

2023 年 6 月 20 日初版第 1 刷発行

・発行者──石井　彰　　　　　　　　　・発行所＿＿＿＿＿＿＿＿

印刷・製本／モリモト印刷
株式会社

KOKUSAI SHOIN Co., Ltd.
3-32-5, HONGO, BUNKYO-KU, TOKYO, JAPAN.

株式会社 **国際書院**

Ⓒ 2023 by Tomohiko Takahashi
（定価＝本体価格 3,200 円＋税）
ISBN978-4-87791-322-9 C2033 Printed in Japan

〒113-0033 東京都文京区本郷 3-32-6-1001
TEL 03-5684-5803　　FAX 03-5684-2610
Eメール：kokusai@aa.bcom. ne.jp
http://www.kokusai-shoin.co.jp

佐藤元彦編

太平洋島嶼のエコノミー

近刊

[太平洋世界叢書②]（目次）①太平洋島嶼経済論の展開② MIRAB モデルの持続可能性③植民地経済の構造と自立化④ソロモン諸島における近代化⑤フィジーにおける輸出加工区依存戦略の問題性、その他

春日直樹編

オセアニア・ポストコロニアル

87791-111-1　C1031　　　　　　A5 判　235 頁　2,800 円

[太平洋世界叢書③] 本書はオセアニア島嶼地域の「植民地後」の状況をいくつかの視点から浮かび上がらせ、「ポストコロニアル研究」に生産的な議論を喚起する。人類学者、社会学者、文学者、作家が執筆メンバーである。　　　　（2002.5）

小柏葉子編

太平洋島嶼と環境・資源

906319-87-4　C1031　　　　　　A5 判　233 頁　2,800 円

[太平洋世界叢書④] 気候変動、資源の乱獲などにより、環境や資源は限りあるものであることが明らかになり、こうした状況に立ち向かう太平洋島嶼の姿を様々な角度から生き生きと描いている。　　　　（1999.11）

佐藤幸男編

太平洋アイデンティティ

87791-127-8　C1031　　　　　　A5 判　271 頁　3,200 円

[太平洋世界叢書⑤] フィジーのパシフィクウェイという生き方、ソロモン諸島における近代化のディスコース、現代キリバスでの物質文明の再考そして太平洋と結ぶ沖縄などの考察を通し、南太平洋から未来の海を展望する。　　　　（2003.9）

南山　淳

国際安全保障の系譜学
―現代国際関係理論と権力 / 知

87791-131-6　C3031　　　　　　A5 判　299 頁　5,800 円

[21 世紀国際政治学術叢書①] 権力 / 知概念を導入し、国際関係論という知の体系の内部に構造化されている「見えない権力」を理論的に解明するという方向性を探り、日米同盟の中の沖縄に一章を当て現代国際安全保障の意味を問う。　　　　（2004.5）

岩田拓夫

アフリカの民主化移行と市民社会論
―国民会議研究を通して

87791-137-5　C3031　　　　　　A5 判　327 頁　5,600 円

[21 世紀国際政治学術叢書②] アフリカ政治における「市民社会」運動を基礎とした「国民会議」の活動を「グローバル市民社会論」などの角度からも検討し、民主化プロセスを問い直し、21 世紀アフリカの曙光の兆しを探る。　　　　（2004.9）

池田慎太郎

日米同盟の政治史
―アリソン駐日大使と「1955 年体制」

87791-138-3　C3031　　　　　　A5 判　287 頁　5,600 円

[21 世紀国際政治学術叢書③] アメリカにとっては、55 年体制の左右社会党の再統一は保守勢力を結集させる「最大の希望」であった。日米の資料を駆使し、対米依存から抜けきれない日本外交の起源を明らかにする。　　　　（2004.10）

堀　芳枝

内発的民主主義への一考察
―フィリピンの農地改革における政府、NGO、住民組織

87791-141-3　C3031　　　　　　A5 判　227 頁　5,400 円

[21 世紀国際政治学術叢書④] ラグナ州マバト村の住民組織・NGO が連携を取り、地主の圧力に抗し政府に農地改革の実現を迫る過程を通し伝統の再創造・住民の意識変革など「内発的民主主義」の現実的発展の可能性を探る。　　　　（2005.4）

阪口　功

地球環境ガバナンスとレジーム発展のプロセス
―ワシントン条約と NGO・国家

87791-152-9　C3031　　　　　　A5 判　331 頁　5,800 円

[21 世紀国際政治学術叢書⑤] ワシントン条約のアフリカ象の取引規制問題に分析の焦点を当て、レジーム発展における具体的な国際交渉プロセスの過程に「討議アプローチ」を適用した最初の試みの書。　　　　（2006.2）

野崎孝弘

越境する近代
―覇権、ヘゲモニー、国際関係論

87791-155-3　C3031　　　　　A5 判　257 頁　5,000 円

[21 世紀国際政治学術叢書⑥] 覇権、ヘゲモニー概念の背後にある近代文化の政治現象に及ぼす効果を追跡し、「越境する近代」という視点から、国際関係におけるヘゲモニー概念への批判的検討をおこなう。

(2006.4)

玉井雅隆

CSCE 少数民族高等弁務官と平和創造

87791-258-1　C3031　　　　　A5 判　327 頁　5,600 円

[21 世紀国際政治学術叢書⑦] 国際社会の平和をめざす欧州安全保障協力機構・少数民族高等弁務官（HCNM）の成立に至る議論の変化、すなわちナショナル・マイノリティに関する規範意識自体の変容をさまざまな論争を通して追究する。

(2014.7)

武者小路公秀監修

ディアスポラを越えて
―アジア太平洋の平和と人権

87791-144-8　C1031　　　　　A5 判　237 頁　2,800 円

[アジア太平洋研究センター叢書①] アジア太平洋地域の地域民族交流システムを歴史の流れの中で捉える「ディアスポラ」を中心テーマにし、単一民族という神話から開放された明日の日本の姿をも追究する。

(2005.3)

武者小路公秀監修

アジア太平洋の和解と共存
― 21 世紀の世界秩序へ向けて

87791-178-2　C1031　　　　　A5 判　265 頁　3,200 円

[アジア太平洋研究センター叢書②] 第二次世界大戦の再評価をめぐって、60 年前の失敗と教訓を探りだし、戦後の欧州の経験、アジアでの軌跡をたどりつつ 21 世紀の新世界秩序へ向けて白熱した議論が展開する。

(2007.3)

武者小路公秀監修

ディアスポラと社会変容
―アジア系・アフリカ系移住者と多文化共生の課題

87791-168-3　C1031　　　　　A5 判　295 頁　3,200 円

[アジア太平洋研究センター叢書③] 人種主義の被害を受けながら、移住先の国々でさまざまな貢献をしている何世代にわたるアジア系、アフリカ系移住者たちの不安、願望といった人間としての諸相を明らかにしようとする暗中模索の書である。

(2008.3)

山城秀市

アメリカの政策金融システム

87791-173-7　C3033　　　　　A5 判　291 頁　5,400 円

アメリカの連邦信用計画・政策金融を政府機関および政府系金融機関の活動に焦点を当て、産業政策・経済動向といった歴史的推移の中で分析し、あらためてわが国における政策金融のありかたに示唆を与える。

(2007.9)

坂田幹男

開発経済論の検証

87791-216-1　C1033　　　　　A5 判　217 頁　2,800 円

東アジアのリージョナリズムの展望は、市民社会および民主主義の成熟こそが保障する。戦前この地域に対して「権力的地域統合」を押しつけた経験のある日本はそのモデルを提供する義務がある。

(2011.4.)

大和田滝惠・岡村　堯編

地球温暖化ビジネスのフロンティア

87791-218-5　C1034　　　　　A5 判　313 頁　2,800 円

企業の意欲が自らの成長と地球の維持を両立させられるような国際環境の醸成ビジョンを提示する作業を通して、地球温暖化科学、政策化プロセス、国際交渉の視点などの「企業戦略のためのフロンティア」を追究する。

(2011.3.)

立石博高／中塚次郎共編

スペインにおける国家と地域(絶版)
—ナショナリズムの相克

87791-114-6　C3031　　　　A5判　295頁　3,200円

本書は、地域・民族、地域主義・ナショナリズム、言語の歴史的形成過程を明らかにしながら、カタルーニャ、バスク、ガリシア、アンダルシアを取り上げ、歴史的現在のスペイン研究に一石を投じる。　　　　　　　　　　　　　　　　(2002.6)

ジョン・C・マーハ／本名信行編著

新しい日本観・世界観に向かって

906319-41-6　C1036　　　　A5判　275頁　3,107円

アイヌの言語とその人々、大阪の文化の復活、日本における朝鮮語、ニューカマーが直面する問題、日本とオーストラリアの民族の多様性などの検討を通して、国内での多様性の理解が世界レベルの多様性の理解に繋がることを主張する。(1994.2)

林　武／古屋野正伍編

都市と技術

906319-62-9　C1036　　　　A5判　241頁　2,718円

「日本の経験」を「都市と技術」との関わりで検討する。技術の基本的な視点を自然や社会との関わり、技術の担い手としての人間の問題として捉え、明治の国民形成期の都市づくり、職人層の活動に注目し、技術移転の課題を考える。(1995.1)

坂田幹男

開発経済論の検証

87791-216-1　C1033　　　　A5判　217頁　2,800円

東アジアのリージョナリズムの展望は、市民社会および民主主義の成熟こそが保障する。戦前この地域に対して「権力的地域統合」を押しつけた経験のある日本はそのモデルを提供する義務がある。　　　　　　　　　　　　　　　　(2011.4.)

大和田滝惠・岡村　堯編

地球温暖化ビジネスのフロンティア

87791-218-5　C1034　　　　A5判　313頁　2,800円

企業の意欲が自らの成長と地球の維持を両立させられるような国際環境の醸成ビジョンを提示する作業を通して、地球温暖化科学、政策化プロセス、国際交渉の視点などの「企業戦略のためのフロンティア」を追究する。　　　　　　(2011.3.)

奥村みさ

文化資本としてのエスニシティ
—シンガポールにおける文化的アイデンティティの模索

87791-198-0　C3036　　　　A5判　347頁　5,400円

英語圏文化および民族の主体性としての文化資本を駆使し経済成長を遂げた多民族都市国家シンガポールは、世界史・アジア史の激変のなかで持続可能な成長を目指して文化的アイデンティティを模索し、苦闘している。(2009.7)

渋谷　努編

民際力の可能性

87791-243-7　C1036　　　　A5判　261頁　3,200円

国家とは異なるアクターとしての民際活動が持つ力、地域社会におけるNPO・NGO、自治体、大学、ソーシャルベンチャー、家族といったアクター間の協力関係を作り出すための問題点と可能性を追求する。(2013.2)

駒井　洋

移民社会日本の構想

906319-45-9　C1036　　　　A5判　217頁　3,107円

[国際社会学叢書・アジア編①] 多エスニック社会化を日本より早期に経験した欧米諸社会における多文化主義が今日、批判にさらされ、国家の統合も動揺を始めた。本書は国民国家の妥当性を問い、新たな多文化主義の構築を考察する。(1994.3)

マリア・ロザリオ・ピケロ・バレスカス　角谷多佳子訳

真の農地改革をめざして—フィリピン

906319-58-0　C1036　　　　A5判　197頁　3,107円

[国際社会学叢書・アジア編②] 世界資本主義の構造の下でのフィリピン社会の歴史的従属性と決別することを主張し、社会的正義を追求した計画を実践する政府の強い意志力と受益農民の再分配計画への積極的関与を提唱する。(1995.5)

中村則弘

中国社会主義解体の人間的基礎
――人民公社の崩壊と営利階級の形成

906319-47-5 C1036   A5判 265頁 3,107円

［国際社会学叢書・アジア編③］他の国や地域への植民地支配や市場進出、略奪を行わない形で進められてきた自立共生社会中国の社会主義解体過程の歴史的背景を探る。人民公社の崩壊、基層幹部の変質などを調査に基づいて考察する。

(1994.6)

陳 立行

中国の都市空間と社会的ネットワーク

906319-50-5 C1036   A5判 197頁 3,107円

［国際社会学叢書・アジア編④］社会主義理念によって都市を再構築することが中国の基本方針であった。支配の手段としての都市空間と社会的ネットワークが、人々の社会関係を如何に変容させていったかを考察する。

(1994.8)

プラサート・ヤムクリンフング　松薗裕子／鈴木規之訳

発展の岐路に立つタイ

906319-54-8 C1036   A5判 231頁 3,107円

［国際社会学叢書・アジア編⑤］タイ社会学のパイオニアが、「開発と発展」の視点で変動するタイの方向性を理論分析する。工業化の効果、仏教の復活、政治の民主化などを論じ、価値意識や社会構造の変容を明らかにする。

(1995.4)

鈴木規之

第三世界におけるもうひとつの発展理論
――タイ農村の危機と再生の可能性

906319-40-8 C1036   A5判 223頁 3,107円

［国際社会学叢書・アジア編⑥］世界システムへの包摂による商品化が社会変動を生じさせ、消費主義の広がり、環境破壊などの中で、「参加と自助」による新しい途を歩み始めた人々の活動を分析し、新たな可能性を探る。

(1993.10)

田巻松雄

フィリピンの権威主義体制と民主化

906319-39-4 C1036   A5判 303頁 3,689円

［国際社会学叢書・アジア編⑦］第三世界における、80年代の民主化を促進した条件と意味を解明することは第三世界の政治・社会変動論にとって大きな課題である。本書ではフィリピンを事例として考察する。

(1993.10)

中野裕二

フランス国家とマイノリティ
――共生の「共和制モデル」

906319-72-6 C1036   A5判 223頁 2,718円

［国際社会学叢書・ヨーロッパ編①］コルシカをはじめとした地域問題、ユダヤ共同体、移民問題など、「国家」に基づく共存の衝突を描く。共和制国家フランスが、冷戦崩壊後の今日、その理念型が問われている。

(1996.12)

畑山敏夫

フランス極右の新展開
――ナショナル・ポピュリズムと新右翼

906319-74-2 C1036   A5判 251頁 3,200円

［国際社会学叢書・ヨーロッパ編②］1980年代のフランスでの極右台頭の原因と意味を検証。フランス極右の思想的・運動的な全体像を明らかにして、その現象がフランスの政治的思想的価値原理への挑戦であることを明らかにする。 (1997.6)

高橋秀寿

再帰化する近代――ドイツ現代史試論
――市民社会・家族・階級・ネイション

906319-70-X C1036   A5判 289頁 3,200円

［国際社会学叢書・ヨーロッパ編③］ドイツ現代社会の歴史的な位置づけを追究する。「緑の現象」、「極右現象」を市民社会、家族、階級、ネイションの四つの領域から分析し、新種の政党・運動を生じさせた社会変動の特性を明らかにする。

(1997.7)

石井由香

エスニック関係と人の国際移動
――現代マレーシアの華人の選択

906319-79-3 C1036   A5判 251頁 2,800円

［国際社会学叢書・ヨーロッパ編・別巻①］一定の成果を上げているマレーシアの新経済政策（ブミプトラ政策）の実践課程を、エスニック集団間関係・「人の移動」・国際環境の視点から考察する。

(1999.2)

太田晴雄

ニューカマーの子どもと日本の学校(絶版)

87791-099-9　C3036　　　　　　　　A5判　275頁　3,200円

［国際社会学叢書・ヨーロッパ編・別巻②］外国生まれ、外国育ちの「ニューカマー」の子供たちの自治体における対応策、小・中学校における事例研究を通して教育実態を明らかにしつつ、国際理解教育における諸課題を検討し、多文化教育の可能性を探る。　　　　　　　　　　　　　（2000.4）

藤本幸二

ドイツ刑事法の啓蒙主義的改革と Poena Extraordinaria

87791-154-5　C3032　　　　　　　　A5判　197頁　4,200円

［21世紀国際史学術叢書①］Poena Extraordinaria と呼ばれる刑事法上の概念が刑事法の啓蒙主義的改革において果たした役割と意義について、カルプツォフの刑事法理論を取り上げつつ、仮説を提示し刑事法近代化前夜に光りを当てる。　（2006.3）

遠藤泰弘

オットー・フォン・ギールケの政治思想
―第二帝政期ドイツ政治思想史研究序説

87791-172-0　C3031　　　　　　　　A5判　267頁　5,400円

［21世紀国際史学術叢書②］19ないし20世紀初頭の多元的国家論の源流となったギールケの団体思想、政治思想の解明をとおして、現代国際政治・国内政治において動揺する政治システムに一石を投ずる。　　　　　　　　　　　　（2007.12）

権　容奭

岸政権期の「アジア外交」
―「対米自主」と「アジア主義」の逆説

87791-186-7　C3031　　　　　　　　A5判　305頁　5,400円

［21世紀国際史学術叢書③］東南アジア歴訪、日印提携、日中関係、レバノン危機とアラブ・アフリカ外交そして訪欧、在日朝鮮人の「北送」など岸政権の軌跡の政治的深奥を見極めつつ日本の「アジアとの真の和解」を模索する。　（2008.11）

大中　真

マーティン・ワイトの国際理論：
英国学派における国際法史の伝統

87791-301-1　C3032　　　　　　　　A5判　293頁　4,200円

［21世紀国際史学術叢書④］国際関係論における英国学派の確立者としてのワイトをグローバル研究者として位置づけ、英国学派も国際法史もより広義のグローバル・ヒストリーの内部に包摂されると論ずる。　　　　　　　　　　　（2020.1）

矢崎光圀／野口寛／佐藤節子編

転換期世界と法
―法哲学・社会哲学国際学会連合会第13回世界会議

906319-01-7　C3001　　　　　　　　A5判　267頁　3,500円

転換期世界における法の現代的使命を「高度技術社会における法と倫理」、「新たな法思想に向けて」を柱にして論じ、今日の「法、文化、科学、技術―異文化間の相互理解」を求める。本書は世界、法と正義、文化の深淵を示唆する。　（1989.3）

坂本百大／長尾龍一編

正義と無秩序

906319-12-2　C3032　　　　　　　　A5判　207頁　3,200円

自由から法に至る秩序形成過程を跡づけながら、正義という社会秩序の理念と社会解体への衝動との緊張関係という、社会秩序に内在する基本的ジレンマを追究する。いわば現代法哲学の諸問題の根源を今日、改めて本書は考える。　（1990.3）

水林　彪編著

東アジア法研究の現状と将来
―伝統的法文化と近代法の継受

87791-201-7　C3032　　　　　　　A5 判　287 頁　4,800 円

日中韓における西欧法継受の歴史研究および法の現状ならびに東アジア共通法の基盤形成に向けての提言を通して「東アジア共通法」を遠望しつつ、「東アジアにおける法の継受と創造」の研究、教育が本書のテーマである。　　　　　　　　（2009.11）

後藤　昭編

東アジアにおける市民の
刑事司法参加

87791-215-4　C3032　　　　　　　A5 判　271 頁　4,200 円

日・中・韓における「市民の刑事司法参加」を論じた本書は、①制度の生成、②機能、③政治哲学、④法文化としての刑事司法、といった側面から光を当て、各国の違いと共通項を見出し、制度の今後の充実を促す。　　　　　　　　　　　（2011.2.）

高橋滋／只野雅人編

東アジアにおける公法の過去、
現在、そして未来

87791-226-0　C3032　　　　　　　A5 判　357 頁　3,400 円

グローバル化の世界的潮流のなかで、東アジア諸国における法制度の改革、整備作業の急速な進展を受けて、①西洋法の継受の過程、②戦後の経済発展のなかでの制度整備、③将来の公法学のあり方を模索する。　　　　　　　　　　（2012.3.）

王　雲海

賄賂はなぜ中国で死罪なのか

87791-241-3　C1032　　　　　　　A5 判　157 頁　2,000 円

賄賂に関する「罪と罰」を科す中国、日本、アメリカの対応を通して、それぞれの国家・社会の本質を追究する筆致は迫力がある。それは「権力社会」であり、「文化社会」あるいは、「法律社会」と筆者は規定する。　　　　　　　　　　（2013.1）

加藤哲実

宗教的心性と法
―イングランド中世の農村と歳市

87791-242-0　C3032　　　　　　　A5 判　357 頁　5,600 円

法の発生史をたどるとき、法規範の発生そのものに宗教的心性がかかわっていた可能性を思い描きながら、イングランド中世の農村および市場町の慣習と法を通しての共同体および宗教的心性を探る。　　　　　　　　　　　　　　（2013.2）

菊池肇哉

英米法「約因論」と大陸法
―「カウサ理論」の歴史的交錯

87791-244-4　C3032　　　　　　　A5 判　261 頁　5,200 円

17 世紀初頭に成立した英米法の「約因論」と 17世紀以降成立した大陸法の「カウサ理論」における「歴史的比較法」の試みを通して、両者が深い部分で複雑に絡み合っている姿を学問的な「見通し」をもって追究した。　　　　　　　（2013.3）

小野博司・出口雄一・松本尚子編

戦時体制と法学者
1931〜1952

87791-272-7　C3032　　　　　　　A5 判　415 頁　5,600 円

公法・私法・刑法・経済法・社会法、それぞれの学問分野を可能な限り取り上げ、戦時日本における「法治主義の解体」の実相に迫り、21 世紀の法および法学研究の羅針盤の発見を見通す作業の書である。　　　　　　　　　　　（2016.3）

出雲　孝

ボワソナードと近世自然法論における所有権論：
所有者が二重売りをした場合に関するグロチウス、プーフェンドルフ、トマジウスおよびヴォルフの学説史

87791-277-2　C3032　　　　　　　A5 判　　頁　6,400 円

国際法の側面、立法の基礎理論の提供、かつ「世界道徳」を内在させる自然法に関し、啓蒙期自然法論とボワソナードの法思想が異なるという通説を近世自然法論における二重売りの問題を通して検証する。　　　　　　　　　　（2016.9）

東　史彦

イタリア憲法の基本権保障に
対するEU法の影響

87791-278-9　C3032　　　　　　　A5 判　323 頁　4,600 円

古代ローマから現代に至る長く豊かな法文化の伝統を持っているイタリアにおける憲法とEU法、国際条約、欧州人権条約法との関係をそれぞれ時系列に沿って追い基本権保障の視点から総合的に考察した。　　　　　　　　　　（2016.11）

小野田昌彦

法の条件
―法学新講

906319-43-2　C1032　　　　A5判　319頁　3,107円

近代市民法の思想的背景から説き起こし、20世紀における法の実態を鮮明にしながら、我が国の現行法制度の構造を浮き彫りにする。法現象の理論的渊源を論理的に追究する思考訓練の方法も示され、各種の国家試験にも有益である。 (1993.12)

山川一陽・堀野裕子

民法のはなし

87791-297-0　C1032　¥3200E　　A5判　291頁　3,200円

民法という法律を知りたいと希望する人たちにこの法律の基本的知識を提供する。初めて民法を学ぶ人たちのための入門書。民法が日常生活においてどのように運用され、機能しているのか事例を示して解説する。 (2019.3)

山川一陽編著

法学入門

906319-49-1　C1032　　　　A5判　361頁　3,689円

法の歴史を述べ、日本法の「法の十字路」としての性格を明らかにする。各種の基本法の必須事項を示した上で、実際の裁判がどのように行われるかを解説する。保健関係法を扱った「社会法」、国際私法についても説明が行われる。 (1994.5)

稲田俊信

商法総制・商行為法講義

906319-61-0　C3032　　　　A5判　195頁　2,200円

基本的事項を分かり易く説明し、どのような法的考え方が現代社会にとって有効か、また将来への先導制を有するものであるか、過去はどうであったかを考える。本書は「制度の維持」より「利用者の権利」を中心に叙述されている。 (1995.5)

山村忠平

監査役制度の生成と発展

906319-73-4　C3032　　　　四六判　185頁　2,600円

監査役制度の制度的展開の基礎事情を説明する。監査役制度を商法の枠組みから論述し、背景の社会的要請をも検討し、併せてその延長線上に展望される監査役制度の発展の方向を示唆する。今日見直される監査役制度の新しい理論書。 (1997.3)

山内　進編

混沌のなかの所有

87791-101-4　C3032　　　　A5判　283頁　3,800円

[法文化（歴史・比較・情報）叢書①] 地域や集団の歴史的過去や文化構造を含む概念としての法文化における対立と交流を総合的に考察する。本書は「自己所有権」に基づく近代所有権思想に21世紀的問い掛けをする。 (2000.10)

加藤哲実編

市場の法文化

87791-117-0　C3032　　　　A5判　281頁　3,800円

[法文化（歴史・比較・情報）叢書②] 市場あるいは交換や取引の背後にある法文化的背景、法文化的意味を探る本書は、地理的・歴史的な角度から、市場経済、市場社会などの概念が持つ深層の意味理解に向けて果敢な挑戦を試みた。 (2002.2)

森　征一編

法文化としての租税

87791-143-×　C3032　　　　A5判　229頁　3,200円

[法文化（歴史・比較・情報）叢書③] 租税を法文化として捉え直し、租税の歴史の深層に入り込むことによって問題の根源を浮上させ、21世紀の租税の姿を描くべく法学としての租税の新しい地平を開拓する。 (2005.3)

森田成満編

法と身体

87791-149-9　C3032　　　　A5判　223頁　3,600円

[法文化（歴史・比較・情報）叢書④] 生物進化と法、イスラム法での身体と内面、自己・所有・身体、王の身体・法の身体、犯罪人類学と人種、身体刑と生命刑の連続性と非連続性、清代の医療提供の仕組みなどを論ず。 (2005.9)

津野義堂

コンセンサスの法理

87791-149-2　C3032　　　　　A5判　239頁　3,600円

[法文化（歴史・比較・情報）叢書⑤] 本書は、キケロー・古典期ローマ法・イギリス契約法・無名契約・引渡しの正当原因・典雅法学・ヘーゲルの契約論・婚姻・所有権におけるコンセンサスの意味を明らかにする。
(2007.5)

林　康史編

ネゴシエイション
—交渉の法文化

87791-190-4　C3032　　　　　A5判　247頁　3,600円

[法文化（歴史・比較・情報）叢書⑥] 法の実効性を支える法意識・コンセンサスをネゴシエイション・交渉の法文化の視点から捉え直す作業は、法意識・コンセンサスが情報の影響を受けやすいことから情報化時代における意義は大きい。
(2009.6)

佐々木有司編

法の担い手たち

87791-192-8　C3032　　　　　A5判　313頁　3,800円

[法文化（歴史・比較・情報）叢書⑦] 法の形成・運用に携わり、これを担う人たちを法文化現象として捉える本書では、地域的・時代的に種々の法文化における多彩な「法の担い手たち」を取り上げ、論じている。
(2009.5)

王雲海編

名誉の原理
—歴史的国際的視点から

87791-207-9　C3032　　　　　A5判　269頁　3,600円

[法文化（歴史・比較・情報）叢書⑧]「名誉と不名誉の法的原理」の追究を通して、その裏に潜在している「文化的原理」および世界各地の「精神」を明らかにし、よりよく共存する世界の方途を思想する。
(2010.5)

眞田芳憲編

生と死の法文化

87791-208-6　C3032　　　　　A5判　255頁　3,400円

[法文化（歴史・比較・情報）叢書⑨]「いのちの尊厳」をめぐり法文化論的探求をおこなう。いのちをめぐる、歴史の中の、医療技術・いのちの尊厳、家族崩壊の中での、それぞれの「生と死の法文化」を追究する。
(2010.6)

屋敷二郎編

夫婦

87791-234-5　C3032　　　　　A5判　333頁　3,600円

[法文化（歴史・比較・情報）叢書⑩] 変容する社会、国家を背景に見据えつつ、「夫婦」の法文化を法哲学・法制史学・比較法学・法実務などの多元的な学際的アプローチによって意欲的に探究する。
(2012.8)

堅田　剛編

加害／被害

87791-247-5　C3032　　　　　A5判　215頁　3,600円

[法文化（歴史・比較・情報）叢書⑪] テーマの「加害／被害」の関係がなぜスラッシュなのか。公害事件など関係の逆転現象さえあるように見える事態がある。いま法的な責任の所在について足場を固める必要性を説く
(2013.5)

小柳春一郎編

災害と法

87791-262-8　C3032　　　　　A5判　223頁　3,600円

[法文化（歴史・比較・情報）叢書⑫] 災害対応に当たって公的制度のみならず、歴史における災害、災害と民事法、災害と司法制度、国際的文脈での災害などさまざまな角度からの法的研究である。
(2014.11)

林　康史編

貨幣と通貨の法文化

87791-275-8　C3032　　　　　A5判　　頁　3,600円

[法文化（歴史・比較・情報）叢書⑬] 現代における貨幣制度は経済におけるグローバル化がすすみ、国家とコミュニティーの関係が貨幣制度を介して再考される。本書では貨幣と通貨の構造を理論面、制度面から解明しようとする。
(2016.9)

岩谷十郎編

再帰する法文化

87791-279-6　C3032　　　　　　　A5判　215頁　3,600円

［法文化（歴史・比較・情報）叢書⑭］　古来より地域・国境を超えてきた普遍としての法、国家・社会の固有としての法。双方の対立・親和を通して紡いできた法のアイデンティティの今日的「再帰性」を追究した。
(2016.12)

中野雅紀編

身分：法における垂直関係と、水平関係

87791-285-7　C3032　　　　　　　A5判　197頁　3,600円

［法文化（歴史・比較・情報）叢書⑮］　「身分」をいま法学において問い直すことは重要である。民法における「親族・相続」、刑法の「身分犯」、憲法における「国家」と「社会」の分離の問題など課題は多い。
(2017.12)

高塩　博編

刑罰をめぐる法文化

87791-293-2　C3032　　　　　　　A5判　263頁　3,600円

［法文化（歴史・比較・情報）叢書⑯］　監獄改良論における思想的基盤、清朝時代の裁判と刑罰、近世・近代刑事法改革での量刑論・罪刑均衡論、刑罰文化を踏まえたスウェーデンにおける刑法理論など刑罰をめぐる法文化をみる。
(2018.10)

松本尚子編

法を使う／紛争文化

87791-300-7　C3032　　　　　　　A5判　301頁　3,600円

［法文化（歴史・比較・情報）叢書⑰］　利用者の視点から法的手段を考えること、本書の各章からは紛争を解決するための種類、手段・選択する人々の姿が浮かび上がってくる。同時に「文化」の枠組みで法・紛争を捉える。
(2019.10)

出口雄一編

戦争と占領の法文化

87791-307-6　C3031　　　　　　　A5判　237頁　3,600円

［法文化（歴史・比較・情報）叢書⑱］　軍事占領下で政治文化をも含む他国の生活に対する部外者による大掛かりな干渉が法的にも倫理的にも正当化されうるのか。「法についての文化」「法にあらわれた文化」によって検証する。
(2021.1.1)

大学セミナー・ハウス編

大学は変わる（絶版）
―大学教員懇談会15年の軌跡

906319-07-6　C3037　　　　　　　四六判　324頁　2,718円

大学と大学観の変貌を分析し、様々な課題に関する議論を通して新しい大学教育像を模索する。大学改革、一般教育、大学間交流、大学の国際化などを、高等教育関係の法規、省令、臨教審報告書等を参照しながら論ずる。
(1989.7)

大学セミナー・ハウス編

続・大学は変わる
―大学教員懇談会10年の軌跡

906319-63-7　C0037　　　　　　　四六判　279頁　1,942円

「大学教育の改善」を巡って、大学教育とは何かという本質論、如何に変えるか、その具体的な試案や試行、その結果についての議論を展開してゆく。「改革の前夜」、「改革への苦悩」、「改革の萌芽」という構成をとる。
(1995.7)

宇野美恵子

教育の復権
―大正自由主義教育と自己超越の契機

906319-14-9　C3037　　　　　　　A5判　200頁　3,200円

中村春二「伝統的規範意識から近代的責任主体形成への道程」、野口援太郎「自由教育と知天の構造」、守屋東「矯風会運動から肢体不自由児教育へ」、手塚縫蔵・赤羽王郎・小原福治「自由教育と人格主義」を跡づけ教育の原点を探る。(1990.4)

伊藤順啓

短期大学の社会学

906319-17-3 C3037　　　　　　　　A5判　380頁　3,398円

第1部、社会学的「高等教育論」では、高等教育の現代的機能や短期大学教育の理念と役割を論述し、第2部、短期大学生の意識と行動では、短期大学生の職業意識、結婚観・家庭像などが描かれる。　　　　　　　　　　　　　　　　　　(1991.2)

伊藤順啓

短期大学教育再考

87791-095-6 C3037　　　　　　　　A5判　199頁　2,000円

一般教育課程の解体化という時代のうねりの中で、本書は短期大学が持つ教育特性を確認しつつ、地域福祉論、地方自治論などを通して「一般教育課程の理念と目標」及び「短期大学教育の存在意義」を今改めて世に問う。　　　　　　(2000.5)

原田憲一

地球について
―環境危機・資源涸渇と人類の未来

906319-16-5 C1044　　　　　　　四六判　374頁　3,500円

人類の未来は地球を離れては存在し得ないことを、わかり易く説得力ある方法で伝える。近代の地球科学の成果をコンパクトに纏めた本書は、地球科学の専門家から国民に向けての、地球環境についての熱いメッセージの書である。　(1990.9)

矢島道子

地球からの手紙

906319-26-2 C7045　　　　　　　四六判　181頁　1,165円

「地球からの手紙」を、身近な場所に拾いに行こうと誘うユニークな本。だから手紙の返事は、自分の手、目で掘り起こし、観察した記録であり、それは発見となり、巧まずして自然観察の大切さ、地球のかけがえのなさを自覚させてくれる。(1992.7)

阿部勝巳

ワイングラスかたむけ顕微鏡
―古生物学者のひとりごと

906319-35-1 C1044　　　　　　　四六判　211頁　1,748円

漱石の随筆や桂枝雀の落語、街で見掛けた看板の間違いなど身の回りにあるトピックを取り上げて、著者の思考・思索・信条に裏付けられた自己表現を基調としながら、古生物学の高度な知識をわかり易く語る優れたエッセイである。　(1992.12)

ピーター・ウェストブルック（遠藤一佳／阿部勝巳／大路樹生訳）

地球を動かしてきた生命

906319-66-1 C1045　　　　　　　四六判　285頁　2,500円

地球の歴史とその発展に深い影響を与え、地球を大きく動かしてきた生命。その真理を解明する上で今日、地球科学と生物科学の有機的結合の必要性を提唱。バクテリアなどの小さきものの力の悠久性が読む物の目を瞠らせる。　　　(1997.4)

町田甲一

概説東洋美術史（絶版）

906319-04-1 C3022　　　　　　　A5判　320頁　3,686円

中国文明圏、インド文明圏、西アジア文明圏相互の美術の様式の史的影響関係に注目する。仏教文化を基盤とした美術を中心に、インド以来の美術の史的変容を追跡する。口絵26枚、挿図468枚、美術史年表18頁は本書を特色づけている。(1989.7)

山川一陽

こんなアメリカ知っていますか
―法律家が見たアメリカ社会

906319-33-5 C0095　　　　　　　四六判　263頁　1,748円

サンフランシスコ滞在中に知った民法学者の現代アメリカ見聞録。アメリカ犯罪事情、アメリカ社会は鍵社会、「ライオンを劇場に連れてきてはならない」、利用料の高い救急車、アメリカ離婚事情、現代版「刀狩り」などを紹介。　　(1992.12)

石川利夫

昭和の風景
―蒲田・羽田界隈と京浜電車

906319-34-3 C0095　　　　　　　四六判　185頁　1,165円

昭和初期の空港線を中心に京浜急行沿線の情景が語られる。かつてあった風景、風俗が消えてゆくのを歴史の必然として顧みないということは、その変貌の過程を生きた者にとって怠慢と自戒する著者が、昭和の風景を再現する。　　(1993.2)

フランク・ベア　魚住優子訳

マクセの唄
―ドイツ学童疎開の残照

906319-60-2　C0098　　　　　A5判　319頁　2,718円

第2次大戦末期、ベルリンを中心とする地域の子供たちも、遠く外国にまで学童疎開を余儀なくされた。その多くが終戦間近の混乱の中、引率者ともはぐれ、自分たちだけの力で故郷を目指さなければならない状況に追い込まれた。　　　　(1995.6)

勝野正恒・二村克彦編

国際公務員をめざす若者へ
―先輩からのメッセージ

87791-151-0　C0037　　　　　四六判　289頁　2,600円

国連本部事務局を始めとする国際機関の正規職員・経験者からの率直なメッセージから国際公務員を目指す方々は多くの示唆を得られる。共通一般試験例題、行政職、人権職を始めとした論文試験例題は大いに参考になる。　　　　(2005.11)

山上民也

再建の理念

87791-150-2　C1031　　　　　A5判　305頁　2,400円

戦後日本の「敗因の自覚」から「再建の理念」を、国民一人ひとりの人間的自覚の覚醒をよびかけつつ、政治・経済・文化を軸に体系的に分析し、透徹した眦を以て「文化的世界」を展望し、武装なき平和国家を提起する。　　　　(2005.12)